SE 07

Curso

La diferencia entre aprobar
y sacar plaza

Pinche

Servicio Gallego de Salud (SERGAS)

AF212122

Si aún no dispones de tu **Curso MAD360**, te ofrecemos un acceso GRATIS de 30 días para que disfrutes de los siguientes recursos:

- Técnicas de Memoria 360.
- MADTEST: Test *online* Nivel PRO.
- Temario en formato digital.
- Vídeos.
- Esquemas.
- Planificación de estudio.
- Foro entre opositores hasta la fecha del examen.*
- Recursos y novedades exclusivas.
- Consúltanos sobre tu oposición y proceso selectivo.
- Actualizaciones legislativas (Boletines Oficiales) hasta 60 días antes de la fecha del examen.*

Para acceder a esta prueba del Curso MAD360** será necesaria la compra de todos los libros para esta especialidad de la edición 2025.

Regístrate en **mad.es/iniciar-sesion** y en la pestaña MIS CURSOS valida los códigos que encuentras en la última página de tus libros.

NOTA IMPORTANTE:

* Examen de esta categoría profesional correspondiente a la convocatoria publicada en el DOG n.º 188, de 30 de septiembre de 2025, o hasta el 30 de noviembre de 2026, lo que se cumpla antes, y previa renovación del servicio.

** El acceso al CURSO MAD360 estará disponible desde noviembre de 2025 (algunos recursos podrían estar disponibles en fecha posterior). Tendrá una duración de 30 días RENOVABLES mediante pago, desde la validación de códigos, o hasta el 31 de mayo de 2027, lo que se cumpla antes.

MAD se reserva el derecho a ampliar dichas fechas.

Pinche del Servicio Gallego de Salud (SERGAS)

Noviembre 2025

Pinche del Servicio Gallego de Salud (SERGAS)

Test del temario

Autores

JOSEFA GUILLERMA GANCEDO CONS
Licenciada en Derecho
Jefa de Servicio de Gestión y Planificación en la Xunta de Galicia

ÁLVARO GARDÓN FERNÁNDEZ
Técnico Especialista. Celador

MIGUEL ÁNGEL ESTÉVEZ FERNÁNDEZ
Jefe de Personal Subalterno del Hospital do Meixoeiro, de Vigo

JOSÉ LUIS GARRIDO VELA
Licenciado en Derecho

FRANCISCO JESÚS TORRES FONSECA
Licenciado en Derecho

ANA MARÍA SERRANO BÁRCENA
Licenciada en Biología

JUAN MANUEL GIL RAMOS
Licenciado en Medicina. Master en Salud Ambiental

HERMINIA ANDRADES ROMERO
Diplomada en Fisioterapia. Prevencionista de Riesgos Laborales (grado intermedio)

© 7 Editores Recursos para la Cualificación Profesional y el Empleo, S.L. (7 Editores)
© Los autores
Primera edición, noviembre 2025 (136 páginas)
Derechos de edición reservados a favor de 7 Editores
IMPRESO EN ESPAÑA
Diseño Portada: 7 Editores
Edita: 7 Editores
Avda. San Francisco Javier, 9 · Edificio Sevilla 2 · Planta 11 · Módulos 25-27 · 41018 Sevilla
Teléfono: 954 784 411 · WEB: www.mad.es · e-mail: administracion@7editores.com
ISBN: 979-13-702-8182-3
© "Editorial Mad" y "Eduforma" son nombres comerciales registrados de
7 Editores Recursos para la Cualificación Profesional y el Empleo, S.L.

Índice

PARTE COMÚN

PARTE ESPECÍFICA

PARTE COMÚN

TEST N.º 1

**La Constitución Española: principios fundamentales,
derechos y deberes fundamentales de los españoles.
La protección de la salud en la Constitución**

1. Si un poder público, en su actuación, infringe lo dispuesto en el Preámbulo de la Constitución:

a) Incurre en nulidad.
b) Incurre en inconstitucionalidad.
c) No pasa nada, salvo que, como consecuencia de esa actuación, se infrinja un artículo de la propia Constitución.
d) Nada de lo anterior es cierto.

2. El principio en virtud del cual el ciudadano está amparado por una legislación no sujeta a continuos vaivenes es el de:

a) Legalidad.
b) Publicidad normativa.
c) Seguridad jurídica.
d) Jerarquía normativa.

3. El principio en virtud del cual un Reglamento no puede contradecir una Ley es el de:

a) Legalidad.
b) Jerarquía normativa.
c) Las respuestas a) y b) son correctas.
d) Seguridad jurídica.

4. Según la Constitución, una norma que imponga una nueva pena más leve para un delito:

a) No se aplica retroactivamente.
b) Puede aplicarse retroactivamente.

c) Ha de ser reglamentaria.
d) Atenta contra el principio de legalidad penal si se aplica retroactivamente.

5. Todos los españoles, respecto al castellano, tienen el:

a) Derecho-deber de conocerlo.
b) Derecho de usar y deber de conocerlo.
c) Derecho-deber de usarlo.
d) Nada de lo anterior.

6. La capital del Estado en España es:

a) La propia de cada Comunidad Autónoma.
b) Madrid.
c) Aquella donde se establezca en cada momento el Gobierno de la Nación.
d) Aquella en la que resida generalmente el Rey.

7. El pluralismo político, para nuestra Constitución, es un/una:

a) Principio General del ordenamiento político.
b) Valor superior del citado ordenamiento.
c) Principio rector de la política social y económica.
d) Derecho fundamental.

8. La forma política del Estado español es:

a) Unitaria y regionalizada.
b) Federal.
c) La Monarquía Parlamentaria.
d) La propia de un Estado Social y Democrático.

9. La justicia, según nuestra Constitución, es un/una:

a) Principio de nuestro ordenamiento jurídico.
b) Valor superior del anterior.
c) Manifestación del Estado democrático.
d) Todo lo anterior.

10. Un español de origen puede quedarse sin esta nacionalidad:

a) Por sanción administrativa.
b) Cuando libremente renuncie a la misma.
c) Por condena penal.
d) En ningún caso.

11. Constituye el fundamento del orden público y de la paz social, según la Constitución, el/la/los:

a) Derechos inviolables inherentes a la persona.
b) Estado social y democrático de Derecho.
c) Seguridad jurídica.
d) Justicia.

12. Las Comunidades Autónomas deben usar o instalar la bandera española:

a) En sus edificios.
b) En los actos oficiales.
c) Cuando lo solicite el Delegado del Gobierno de la Nación en las mismas.
d) Cuando lo estimen oportuno.

13. Deben tener una estructura interna y un funcionamiento democrático los/las:

a) Partidos Políticos.
b) Colegios Profesionales.
c) Organizaciones Profesionales.
d) Todos ellos.

14. La defensa de la integridad territorial de España se atribuye por la Constitución a/al/a las:

a) Fuerzas y Cuerpos de Seguridad.
b) Fuerzas Armadas.
c) Gobierno de la Nación.
d) Todas las anteriores.

15. El derecho de asilo en España está previsto para:

a) No repatriar a ciudadanos que hayan cometido un delito en un país extranjero.
b) No repatriar a españoles en el caso anterior.
c) Acoger en España a extranjeros perseguidos por motivos políticos en su país de origen.
d) Acoger en España a españoles emigrados al extranjero cuando pierdan el trabajo fuera de España.

16. Según la Constitución, el Estado es:

a) Apolítico.
b) Aconfesional.
c) De bienestar social.
d) Federal.

17. El derecho a la vida se consagra en el siguiente artículo de la Constitución:

a) 10.
b) 16.
c) 15.
d) 24.

18. La pena de muerte en España:

a) Ha quedado abolida.
b) Puede aplicarse en cualquier momento.
c) Solo se aplicará, en tiempo de guerra, a los militares.
d) Rige solo en el ámbito civil.

19. La inmediata puesta a disposición judicial derivada del *habeas corpus*, se produce por:

a) Detención ilegal.
b) Prisión ilegal.
c) Prisión preventiva.
d) Detención preventiva.

20. El proceso en el que se enjuicie a un presunto delincuente debe:

a) Ser sumario.
b) No dilatarse.
c) Entorpecer los instrumentos probatorios.
d) Nada de lo anterior es cierto.

En MADTEST tienes **más preguntas de este tema**, y todos tus avances quedan registrados y se reflejan en el ranking.

¡Supera tus límites con MADTEST!

Solución al test n.º 1

1. c) No pasa nada, salvo que, como consecuencia de esa actuación, se infrinja un artículo de la propia Constitución.

2. c) Seguridad jurídica.

3. c) Las respuestas a) y b) son correctas.

4. b) Puede aplicarse retroactivamente.

5. b) Derecho de usar y deber de conocerlo.

6. b) Madrid.

7. b) Valor superior del citado ordenamiento.

8. c) La Monarquía Parlamentaria.

9. b) Valor superior del anterior.

10. b) Cuando libremente renuncie a la misma.

11. a) Derechos inviolables inherentes a la persona.

12. b) En los actos oficiales.

13. d) Todos ellos.

14. b) Fuerzas Armadas.

15. c) Acoger en España a extranjeros perseguidos por motivos políticos en su país de origen.

16. b) Aconfesional.

17. c) 15.

18. a) Ha quedado abolida.

19. a) Detención ilegal.

20. b) No dilatarse.

TEST N.º 2

**Estatuto de Autonomía de Galicia: estructura y contenido.
El Parlamento. La Xunta y su Presidente.
La Administración Pública Gallega**

1. La Comunidad Autónoma gallega contará, para el desempeño de sus competencias, con:

a) Hacienda propia.
b) Patrimonio propio.
c) Economía propia.
d) Son correctas las respuestas a) y b).

2. El patrimonio de la Comunidad Autónoma estará integrado por:

a) El patrimonio de la Comunidad en el momento de aprobarse el Estatuto.
b) Los bienes afectos a servicios traspasados a la Comunidad Autónoma.
c) Los bienes adquiridos por la Comunidad Autónoma por cualquier título jurídico válido.
d) Todas son correctas.

3. Los poderes de la Comunidad Autónoma de Galicia emanan:

a) Del Estatuto de Autonomía, el pueblo y la Corona.
b) Del pueblo y la Constitución.
c) De la Constitución, del Estatuto de Autonomía de Galicia y del pueblo.
d) De la Constitución y del pueblo gallego.

4. La aprobación de los presupuestos de la Comunidad Autónoma de Galicia corresponde:

a) Al Presidente de la Xunta de Galicia.
b) A la Xunta de Galicia.
c) Al Congreso de los Diputados.
d) Al Parlamento de Galicia.

5. El Presidente del Tribunal Superior de Justicia de Galicia es nombrado:

a) Por el Presidente de la Junta, previo acuerdo del Parlamento de Galicia.
b) Por el Presidente del Gobierno, la propuesta de las Cortes Generales.
c) Por el Presidente del Gobierno, la propuesta del Consejo General del Poder Judicial.
d) Por el Rey, la propuesta del Consejo General del Poder Judicial.

6. El artículo 12.3 del Estatuto de Autonomía de Galicia dice que el Parlamento funcionara:

a) En Plenos y en Diputación Permanente.
b) En Plenos y en Comisiones, y se reunirá en sesiones ordinarias y extraordinarias.
c) En Plenos y en Mesas, y se reunirá en sesiones ordinarias.
d) En Pleno y en Diputación Permanente, y se reunirá en sesiones ordinarias y extraordinarias.

7. Como dice el artículo 15.3 del Estatuto de Autonomía de Galicia, el que propone al candidato a Presidente de la Xunta de Galicia es:

a) La Diputación Permanente.
b) El Parlamento Gallego en Pleno.
c) El Presidente del Parlamento.
d) El Rey.

8. Según el artículo 7.1 del Estatuto de Autonomía de Galicia, las comunidades gallegas asentadas fuera de Galicia podrán solicitar el reconocimiento de su galleguidad sin que en ningún caso implique la concesión de:

a) Derechos políticos.
b) Derechos culturales.
c) Subvenciones de la Xunta de Galicia.
d) Estatuto de Autonomía.

9. La iniciativa de la reforma del Estatuto corresponderá a:

a) La Junta.
b) Al Parlamento gallego, a propuesta de una quinta parte de sus miembros.
c) A las Cortes Generales.
d) Todas son ciertas.

10. La propuesta de reforma del Estatuto, requerirá:

a) La aprobación del Parlamento gallego por mayoría de dos tercios.
b) La aprobación de las Cortes Generales mediante Ley Orgánica.
c) El referéndum positivo de los electores.
d) Todas son ciertas.

11. Si la propuesta de reforma del Estatuto no es aprobada por el Parlamento gallego o por las Cortes Generales o no es confirmada mediante referéndum por el cuerpo electoral, ¿puede ser sometida nuevamente a debate y votación del Parlamento?

a) No.
b) No, hasta que haya transcurrido un año.
c) Sí.
d) Ninguna es cierta.

12. Corresponde a la Junta de Galicia:

a) Aprobar los reglamentos generales de sus propios tributos.
b) Elaborar las normas reglamentarias precisas para gestionar los impuestos estatales cedidos de acuerdo con los términos de dicha cesión.
c) Son correctas las respuestas a) y b).
d) Ninguna es correcta.

13. Corresponde a la Junta:

a) La elaboración y aplicación del presupuesto de la Comunidad Autónoma gallega.
b) Al Parlamento su examen, enmienda, aprobación y control.
c) Son correctas a) y b).
d) Ninguna es correcta.

14. Los poderes de la Comunidad Autónoma se ejercen a través de:

a) El Parlamento.
b) La Junta.
c) Su Presidente.
d) Todas son ciertas.

15. Son funciones del Parlamento de Galicia:

a) Ejercer la potestad legislativa de la Comunidad Autónoma.
b) Controlar la acción ejecutiva de la Junta, aprobar los presupuestos y ejercer las otras competencias que le sean atribuidas por la Constitución, por el Estatuto, por las leyes del Estado y las del Parlamento de Galicia.
c) Elegir de entre sus miembros al Presidente de la Junta de Galicia.
d) Todas son ciertas.

16. El Parlamento puede delegar la potestad legislativa en la Junta en los términos que establecen:

a) Los artículos 82, 83 y 84 de la Constitución para el supuesto de la delegación legislativa de las Cortes Generales al Gobierno, todo ello en el marco del Estatuto de Autonomía.
b) Los artículos 81, 82 y 83 de la Constitución para el supuesto de la delegación legislativa de las Cortes Generales al Gobierno, todo ello en el marco del Estatuto de Autonomía.

c) Los artículos 80, 81 y 82 de la Constitución para el supuesto de la delegación legislativa de las Cortes Generales al Gobierno, todo ello en el marco del Estatuto de Autonomía.

d) Los artículos 83, 84 y 85 de la Constitución para el supuesto de la delegación legislativa de las Cortes Generales al Gobierno, todo ello en el marco del Estatuto de Autonomía.

17. Indica qué norma establece la estructura orgánica de la Xunta de Galicia:

a) Decreto 227/2019, de 2 de enero.
b) Decreto 233/2018, de 5 de diciembre.
c) Decreto 234/2017, de 5 de noviembre.
d) Decreto 42/2024, de 14 de abril.

18. Designar para cada legislatura de las Cortes Generales a los senadores representantes de la Comunidad Autónoma Gallega, de acuerdo con lo previsto en el artículo 69.5 de la Constitución, le corresponde a:

a) Xunta de Galicia.
b) El Parlamento de Galicia.
c) Los partidos políticos.
d) Ninguna es cierta.

19. La designación de los senadores representantes de la Comunidad Autónoma Gallega para cada legislatura de las Cortes Generales, se hará de forma:

a) Progresiva a la representación de las distintas fuerzas políticas existentes en el Parlamento de Galicia.

b) Aritmética a la representación de las distintas fuerzas políticas existentes en el Parlamento de Galicia.

c) Proporcional a la representación de las distintas fuerzas políticas existentes en el Parlamento de Galicia.

d) Mayoritaria a la representación de las distintas fuerzas políticas existentes en el Parlamento de Galicia.

20. Exigir, en su caso, responsabilidad política a la Junta y a su Presidente, le corresponde:

a) Al Parlamento de Galicia.
b) Al Consejo de Cuentas.
c) Al Tribunal Económico-Administrativo.
d) Ninguna es cierta.

En MADTEST tienes **más preguntas de este tema**, y todos tus avances quedan registrados y se reflejan en el ranking.

¡Supera tus límites con MADTEST!

Solución al test n.º 2

1. d) Son correctas las respuestas a) y b).

2. d) Todas son correctas.

3. c) La Constitución, el Estatuto de Autonomía de Galicia y el pueblo.

4. d) Al Parlamento de Galicia.

5. d) Por el Rey, la propuesta del Consejo General del Poder Judicial.

6. b) En Plenos y en Comisiones, y se reunirá en sesiones ordinarias y extraordinarias.

7. c) El Presidente del Parlamento.

8. a) Derechos políticos.

9. d) Todas son ciertas.

10. d) Todas son ciertas.

11. b) No, hasta que haya transcurrido un año.

12. c) Son correctas las respuestas a) y b).

13. c) Son correctas a) y b).

14. d) Todas son ciertas.

15. d) Todas son ciertas.

16. a) Los artículos 82, 83 y 84 de la Constitución para el supuesto de la delegación legislativa de las Cortes Generales al Gobierno, todo ello en el marco del Estatuto de Autonomía.

17. d) Decreto 42/2024, de 14 de abril.

18. b) El Parlamento de Galicia.

19. c) Proporcional a la representación de las distintas fuerzas políticas existentes en el Parlamento de Galicia.

20. a) Al Parlamento de Galicia.

TEST N.º 3

**La Ley General de Sanidad: fundamentos y características.
Competencias de las Administraciones Públicas en relación con la salud.
Derechos y deberes de los usuarios del sistema sanitario público**

1. El derecho de todos los ciudadanos a la protección de la salud viene reconocido en el ámbito constitucional en:

a) Los artículos 43 y 44.
b) Los artículos 49 y 50.
c) El artículo 43 solamente.
d) Los artículos 43 y 49.

2. La Ley General de Sanidad establece que son titulares del derecho a la protección de la salud y a la atención sanitaria:

a) Todos los españoles y los extranjeros con residencia en el territorio nacional.
b) Todos los españoles y los mayores de 18 años.
c) Todos los españoles y cualquier extranjero.
d) Solamente los españoles.

3. La financiación de las necesidades sanitarias se efectuará a través de:

a) Las consignaciones en las partidas presupuestarias del Estado exclusivamente.
b) Las consignaciones en las partidas presupuestarias del Estado, Comunidades Autónomas, y Corporaciones Locales.
c) Las consignaciones en las partidas presupuestarias del Estado y Seguridad Social.
d) Las consignaciones en las partidas presupuestarias del Estado, Comunidades Autónomas, Corporaciones Locales y Seguridad Social.

4. La Ley General de Sanidad se aprobó en el siguiente año:

a) 1986.
b) 1987.

c) 1985.

d) 1984.

5. La Ley General de Sanidad efectúa la siguiente proclamación:

a) El personal podrá ser cambiado de puesto por necesidades imperativas de la organización sanitaria, dentro del Área de Salud.

b) El personal podrá ser trasladado a cualquier Centro sanitario de la Comunidad Autónoma correspondiente.

c) El personal de la Comunidad Autónoma correspondiente a cualquier Centro sanitario del Distrito de Atención Primaria.

d) El personal podrá ser cambiado de puesto por necesidades derivadas de la organización sanitaria dentro de cada provincia.

6. El reconocimiento del derecho al ejercicio libre de las profesiones sanitarias se establece en el siguiente artículo de la Constitución:

a) Artículo 35.

b) Artículo 36.

c) Artículos 35 y 36.

d) Artículos 34 y 35.

7. La Ley General de Sanidad consta del siguiente número de artículos:

a) 112.

b) 113.

c) 115.

d) 116.

8. La estructura del Sistema Sanitario Público, se regula en el siguiente título de la Ley General de Sanidad:

a) Título II.

b) Título VI.

c) Título IV.

d) Título III.

9. ¿Cuántas Disposiciones Transitorias tiene la Ley General de Sanidad?

a) 1.

b) 3.

c) 5.

d) 4.

10. ¿Cuál es el propósito básico, el objeto de la Ley 14/1986, de 25 de abril, General de Sanidad?

a) La regulación general de todas las acciones que permitan hacer efectivo el derecho a la protección de la salud.
b) El desarrollo de una acción global de prevención que implique a la colectividad, considerada como conjunto.
c) La puesta al día de las técnicas de intervención pública en los problemas de salud de la colectividad.
d) La cobertura de los riesgos sanitarios a través de una cuota vinculada al trabajo.

11. ¿Cuál de los siguientes términos no se corresponde con ninguno de los principios, que enumera la Ley General de Sanidad, a los que adecuarán su organización y funcionamiento los servicios sanitarios?

a) Economía.
b) Flexibilidad.
c) Celeridad.
d) Coordinación.

12. Conforme al Real Decreto 1418/1986, de 13 junio, no corresponde al Ministerio de Sanidad y Consumo (actualmente Ministerio de Sanidad), en materia de sanidad exterior:

a) Las relaciones con los organismos sanitarios y de consumo internacionales por mediación del Ministerio de Economía.
b) Adoptar las medidas necesarias para aplicar dentro del Estado los acuerdos sanitarios y de consumo internacionales en los que España sea parte.
c) Control y vigilancia higiénico-sanitaria de puertos y aeropuertos de tráfico internacional, así como de los puestos y de las terminales aduaneras TIR y TIF.
d) Control y vigilancia higiénico-sanitaria en el tráfico internacional de personas, cadáveres y restos humanos.

13. La competencia en la autorización de los medicamentos y de los productos sanitarios corresponde:

a) Al Ministerio de Sanidad.
b) A la Agencia Española de Medicamentos y Productos Sanitarios.
c) A la Dirección General de Medicamentos y Productos Sanitarios.
d) Al Gobierno, mediante Real Decreto.

14. Las Comunidades Autónomas ejercerán, en materia de sanidad, las competencias:

a) Asumidas en sus Estatutos, exclusivamente.
b) Asumidas en sus Estatutos y las decisiones y actuaciones públicas previstas en la LGS que se hayan reservado expresamente al Estado.

c) Asumidas en sus Estatutos.

d) Las mencionadas en c) y las transferidas, o en su caso, delegadas, por el Estado, así como las decisiones y actuaciones públicas previstas en la LGS que no se hayan reservado expresamente al Estado.

15. Las Corporaciones Locales participan en los órganos de dirección de:

a) Las zonas básicas de salud.

b) Los centros de atención especializada.

c) Las áreas de salud.

d) Los centros de atención comarcal.

16. Las principales características del modelo establecido por la LGS son:

a) Universalización de la atención, desconcentración, descentralización y atención primaria.

b) Universalización de la atención, coordinación y desconcentración, descentralización y atención primaria.

c) Universalización de la atención, accesibilidad y desconcentración, descentralización y atención primaria.

d) Universalización de la atención, accesibilidad y desconcentración, descentralización y atención primaria y especializada.

17. En relación con las Áreas de Salud, como mínimo deberá existir:

a) Dos áreas por provincia.

b) Un área por provincia.

c) Un área a nivel comarcal.

d) Un área por Comunidad Autónoma.

18. Las áreas de salud serán dirigidas por un órgano propio, donde deberán participar las Corporaciones Locales en ellas situadas con una representación:

a) No inferior al 40%, dentro de las directrices y programas generales sanitarios establecidos por el Ministerio de Sanidad.

b) No superior al 40%, dentro de las directrices y programas generales sanitarios establecidos por el Ministerio de Sanidad.

c) No superior al 40%, dentro de las directrices y programas generales sanitarios establecidos por la Comunidad Autónoma.

d) No inferior al 40%, dentro de las directrices y programas generales sanitarios establecidos por la Comunidad Autónoma.

19. Los órganos colegiados de participación comunitaria para la consulta y el seguimiento de la gestión, en los que participaran las organizaciones empresariales y sindicales, se denominan:

a) Consejos de Salud de Área.

b) Consejos de Dirección de Área.

c) Gerencia de Área.

d) Consejo de Participación del Área.

20. Con relación a los Consejos de Salud de Área no es cierto que:

a) Están constituidos por la representación de los ciudadanos a través de las Corporaciones Locales comprendidas en su demarcación, que supondrá el 50% de sus miembros y las organizaciones sindicales más representativas, en una proporción no inferior al 25%, a través de los profesionales sanitarios titulados.

b) Los Consejos de salud del área podrán crear órganos de participación de carácter general.

c) Entre sus competencias están las de verificar la adecuación de las actuaciones en el área de salud a las normas y directrices de la política sanitaria y económica.

d) Conocer e informar el anteproyecto del Plan de Salud del área y de sus adaptaciones anuales, forma parte de sus competencias.

En MADTEST tienes **más preguntas de este tema**, y todos tus avances quedan registrados y se reflejan en el ranking.

¡Supera tus límites con MADTEST!

Solución al test n.º 3

1. d) Los artículos 43 y 49.

2. a) Todos los españoles y los extranjeros con residencia en el territorio nacional.

3. d) Las consignaciones en las partidas presupuestarias del Estado, Comunidades Autónomas, Corporaciones Locales y Seguridad Social.

4. a) 1986.

5. a) El personal podrá ser cambiado de puesto por necesidades imperativas de la organización sanitaria, dentro del Área de Salud.

6. c) Artículos 35 y 36.

7. d) 116.

8. d) Título III.

9. c) 5.

10. a) La regulación general de todas las acciones que permitan hacer efectivo el derecho a la protección de la salud.

11. d) Coordinación.

12. a) Las relaciones con los organismos sanitarios y de consumo internacionales por mediación del Ministerio de Economía.

13. b) A la Agencia Española de Medicamentos y Productos Sanitarios.

14. d) Las mencionadas en c) y las transferidas, o en su caso, delegadas, por el Estado, así como las decisiones y actuaciones públicas previstas en la LGS que no se hayan reservado expresamente al Estado.

15. c) Las áreas de salud.

16. c) Universalización de la atención, accesibilidad y desconcentración, descentralización y atención primaria.

17. b) Un área por provincia.

18. d) No inferior al 40%, dentro de las directrices y programas generales sanitarios establecidos por la Comunidad Autónoma.

19. a) Consejos de Salud de Área.

20. b) Los Consejos de salud del área podrán crear órganos de participación de carácter general.

La Ley de Salud de Galicia: el sistema público de salud de Galicia. Competencias sanitarias de las Administraciones Públicas de Galicia. El Servicio Gallego de Salud. Su estructura organizativa: disposiciones que la regulan

1. Según la Ley 8/2008, de 10 de julio, de Salud de Galicia, el órgano de la administración pública que tiene asignadas las competencias o funciones de ordenación, regulación, inspección, control o sanción en el ámbito sanitario o de la salud, se denomina:

a) Autoridad Sanitaria.
b) Servicio Sanitario.
c) Consejo de Dirección del SERGAS.
d) Ninguna es correcta.

2. ¿En virtud de qué Ley, hoy derogada, se creó el Servicio Gallego de Salud?

a) La Ley 14/1986, de 25 de abril.
b) La Ley 1/1989, de 2 de enero.
c) La Ley 3/2008, de 10 de junio.
d) La Ley 8/2008, de 10 de julio.

3. Según la Ley 8/2008, el nivel de atención Sanitaria que constituye el primer nivel de acceso ordinario de la población al Sistema Público de Salud de Galicia se denomina:

a) Atención Hospitalaria.
b) Atención Sociosanitaria.
c) Atención Primaria.
d) Atención a Urgencias y Emergencias.

4. ¿En qué Título de la Ley de Salud de Galicia se estudia el objeto y alcance de la Ley y la definición de los principales términos y conceptos que se utilizan a lo largo de ella?

a) Título primero.
b) Título tercero.

c) Título preliminar.
d) Título segundo.

5. Según recoge la Ley de Salud de Galicia, ¿a quién corresponde la aprobación de la Estrategia Gallega de Salud?

a) Al Consello de la Xunta.
b) A la Consejería competente en materia de Sanidad.
c) Al Consejo Gallego de Salud.
d) Al Parlamento de Galicia.

6. ¿En qué parte de la Ley de Salud de Galicia se estudian los derechos sanitarios de la ciudadanía?

a) Título primero. Capítulo primero.
b) Título segundo. Capítulo segundo.
c) Título primero. Capítulo segundo.
d) Título segundo. Capítulo primero.

7. El nombramiento y cese de los altos cargos de la Administración pública sanitaria de la Xunta de Galicia, corresponde:

a) Al Consejo de la Xunta de Galicia.
b) Al Servicio Gallego de Salud.
c) A la Consejería competente en materia de Sanidad.
d) Al Presidente de SERGAS.

8. Según la Ley de Salud de Galicia, la capacidad de responder a las necesidades presentes sin comprometer la posibilidad de responder a las necesidades futuras se denomina:

a) Sustentabilidad.
b) Proporcionalidad.
c) Recurso pandémico.
d) Cartera de servicios.

9. El Órgano superior, no colegiado, de consulta y asesoramiento de la Consellería competente en materia de Sanidad es:

a) El Foro de Participación Institucional de Sanidad.
b) El Consejo Gallego de Salud.
c) El Consejo de la Xunta de Galicia.
d) El Consejo Asesor del Sistema Público de Salud de Galicia.

10. ¿En qué Título de la Ley de Salud de Galicia se trata el Servicio Gallego de Salud?

a) Título tercero.
b) Título quinto.
c) Título séptimo.
d) Título sexto.

11. Según el Decreto 134/2019, de 10 de octubre, por el que se regulan las áreas sanitarias y los distritos sanitarios del Sistema público de salud de Galicia, ¿cuál es el órgano colegiado de dirección de la correspondiente área sanitaria?

a) Comisión de Dirección.
b) Comisión de Participación.
c) Consejo de Dirección.
d) Consejo de Participación.

12. El Sistema Público de Salud de Galicia es competencia:

a) Estatal, aunque la comunidad autónoma gallega las ejerce por delegación.
b) De la Comunidad Autónoma de Galicia, sin perjuicio de aquellas que corresponden al Estado debido a su integración en el Sistema Nacional de Salud.
c) Del Estado en exclusiva.
d) De la Comunidad Autónoma de Galicia en exclusiva.

13. Según el Decreto 134/2019, de 10 de octubre, por el que se regulan las áreas sanitarias y los distritos sanitarios del Sistema público de salud de Galicia, ¿a quién le corresponde realizar el seguimiento de la ejecución de los presupuestos asignados a cada centro de gasto?

a) Dirección del Distrito Sanitario.
b) Dirección Asistencial.
c) Dirección de Recursos Económicos.
d) Dirección de Recursos Humanos.

14. La división territorial del Sistema público de salud de Galicia se estructura en:

a) Áreas Asistenciales.
b) Áreas Sanitarias.
c) Distritos Sanitarios.
d) Provincias.

15. El Decreto 137/2019, de 10 de octubre, por el que se establece la Estructura Orgánica del Servicio Gallego de Salud, regula como Órgano de Administración del Servicio Gallego de Salud:

a) El Consejo de Dirección y Participación.
b) La Comisión de Dirección y Participación.

c) El Consejo de Dirección.

d) La Comisión de Dirección.

16. El Servicio Gallego de Salud es:

a) Un ente público de carácter institucional.

b) Un consorcio público con personalidad jurídica propia.

c) Una entidad pública empresarial.

d) Un organismo autónomo de naturaleza administrativa.

17. Según el Decreto 137/2019, de 10 de octubre, por el que se establece la Estructura Orgánica del Servicio Gallego de Salud, la Gerencia del SERGAS tiene rango de:

a) Servicio General.

b) Dirección General.

c) Subdirección General.

d) Secretaría General.

18. ¿Cómo se lleva a cabo el desarrollo territorial de la Estrategia gallega de salud?

a) Mediante los planes de salud de área.

b) A través del Plan de salud de Galicia.

c) Conforme a los procesos de evaluación continua de la calidad asistencial.

d) Al amparo de la ordenación del Sistema Público de Salud.

19. Según el Decreto 137/2019, de 10 de octubre, por el que se establece la Estructura Orgánica del Servicio Gallego de Salud. ¿Cuál de los siguientes no es un Órgano Colegiado dentro de los Órganos Centrales de Dirección?

a) Comité Ejecutivo.

b) Dirección General de Asistencia Sanitaria.

c) Consejo de Dirección.

d) Todos los anteriores son Órganos Colegiados.

20. ¿A quién le corresponde, según la Ley de Salud de Galicia, la aprobación de la estructura orgánica de la Consellería competente en materia de Sanidad y del Servicio Gallego de Salud?

a) Consellería competente en materia de sanidad

b) Al Presidente de la Xunta.

c) Al Consejo de la Xunta de Galicia.

d) Al Parlamento de Galicia.

En MADTEST tienes **más preguntas de este tema,** y todos tus avances quedan registrados y se reflejan en el ranking.

¡Supera tus límites con MADTEST!

Solución al test n.º 4

1. a) Autoridad Sanitaria.

2. b) La Ley 1/1989, de 2 de enero.

3. c) Atención Primaria.

4. c) Título preliminar.

5. a) Al Consello de la Xunta.

6. c) Título primero. Capítulo segundo.

7. a) Al Consejo de la Xunta de Galicia.

8. a) Sustentabilidad.

9. d) El Consejo Asesor del Sistema Público de Salud de Galicia.

10. d) Título sexto.

11. c) Consejo de Dirección.

12. b) De la Comunidad Autónoma de Galicia, sin perjuicio de aquellas que corresponden al Estado debido a su integración en el Sistema Nacional de Salud.

13. c) Dirección de Recursos Económicos.

14. b) Áreas Sanitarias.

15. c) El Consejo de Dirección.

16. d) Un organismo autónomo de naturaleza administrativa.

17. d) Secretaría General.

18. a) Mediante los planes de salud de área.

19. b) Dirección General de Asistencia Sanitaria.

20. c) Al Consejo de la Xunta de Galicia.

TEST N.º 5

El Estatuto Marco del Personal Estatutario de los Servicios de Salud: clasificación del personal estatutario. Derechos y deberes. Retribuciones. Jornada de trabajo. Situaciones del personal estatutario. Régimen disciplinario. Incompatibilidades. Representación, participación y negociación colectiva

1. La Ley 55/2003 del Estatuto Marco de Personal Estatutario de los Servicios de Salud es aplicable:

a) Al personal estatutario de los servicios de salud.
b) Al personal sanitario excluyendo al personal de gestión y servicios.
c) Al personal funcionario de las Comunidades Autónomas.
d) Al personal funcionario del Estado.

2. El personal estatutario con nombramiento expedido para el ejercicio de una profesión o especialidad sanitaria se denomina:

a) Personal sanitario.
b) Otro personal.
c) Personal de mantenimiento.
d) Personal de gestión y servicios.

3. El personal estatutario con nombramiento expedido para el desempeño de funciones de gestión o para el desempeño de profesiones u oficios que no tengan carácter sanitario se denomina:

a) Personal universitario.
b) Personal de gestión y servicios.
c) Personal directivo.
d) Personal administrativo.

4. Según establece el art. 8 de la Ley 55/2003, de 16 de diciembre, del Estatuto Marco de los Servicios de Salud, es personal estatutario fijo:

a) El que una vez superado el correspondiente proceso selectivo, obtiene un nombramiento para el desempeño, con carácter permanente, de las funciones que de tal nombramiento se deriven.

b) Todo el personal al servicio de los Servicios de Salud.

c) El personal que realice una prestación de servicios determinados de naturaleza temporal, coyuntural o extraordinaria.

d) El personal en posesión de un contrato laboral indefinido.

5. Según el art. 5 del Estatuto Marco, el personal estatutario se clasifica atendiendo a: (señala la respuesta incorrecta):

a) La función desarrollada.

b) El nivel del título exigido para el ingreso.

c) El tipo de nombramiento.

d) El expediente laboral.

6. Conforme al artículo 9.1 del Estatuto Marco (en redacción dada por el Real Decreto-ley 12/2022, de 5 de julio, por el que se modifica la Ley 55/2003, de 16 de diciembre, del Estatuto Marco del personal estatutario de los servicios de salud) los nombramientos del Personal Estatutario Temporal de los Servicios de Salud serán:

a) Únicamente de Personal Estatutario Sanitario.

b) Personal Estatutario Contratado.

c) De Interinidad.

d) Como Personal Laboral.

7. Conforme al artículo 5 de la Ley 55/2003, de 16 de diciembre, el personal estatutario de los Servicios de Salud, se clasifica con diferentes criterios, atendiendo:

a) A la función desarrollada; al nivel del título exigido para su ingreso; y al tipo de contrato.

b) Al nivel del título exigido para su ingreso; y al tipo de nombramiento.

c) A su carácter de propietario, interino o eventual.

d) A la función desarrollada; al nivel del título exigido para su ingreso; y al tipo de nombramiento.

8. Conforme a lo dispuesto en el artículo 2.2 de la Ley 55/2003, de 16 de diciembre, del Estatuto Marco del personal estatutario de los servicios de salud, en lo no previsto en la misma serán aplicables al personal estatutario:

a) Las disposiciones y principios generales sobre función pública de la Administración correspondiente.

b) Las disposiciones de derecho laboral, dictadas al amparo del artículo 149.1.7º de la Constitución.

c) Las disposiciones sobre función pública de la Administración del Estado, en todo caso, conforme a lo dispuesto en el artículo 149.3 de la Constitución.

d) El convenio colectivo del personal laboral al servicio de la Administración correspondiente.

9. Conforme al artículo 6.2 de la Ley 55/2003, de 16 de diciembre, del Estatuto Marco del personal estatutario de los servicios de salud, atendiendo al nivel académico del título exigido para el ingreso, el personal estatutario sanitario de formación profesional se divide en:

a) Técnicos sanitarios y Auxiliares de Enfermería.
b) Técnicos superiores y Técnicos.
c) Técnicos superiores y Técnicos de gestión.
d) Técnicos especialistas y Técnicos.

10. Los excesos de jornada tendrán el carácter de jornada complementaria y un límite máximo de:

a) No hay límite máximo de horas.
b) 125 horas al año.
c) 135 horas al año.
d) 150 horas al año.

11. La Ley 55/2003 del Estatuto Marco de Personal Estatutario de los Servicios de Salud es de aplicación:

a) Al personal estatutario que integra las profesiones sanitarias.
b) Al personal estatutario que desempeña su función en los centros e instituciones sanitarias de los servicios de salud.
c) Al personal funcionario de los servicios de salud de las Comunidades Autónomas.
d) Al personal sanitario, excluyendo el personal de gestión y servicios.

12. El Estatuto Marco del Personal Estatutario de los Servicios de Salud está regulado por:

a) Una Ley orgánica.
b) Una Ley ordinaria.
c) Un Real Decreto.
d) Un Reglamento.

13. Según el Estatuto Marco, siempre que la duración de la jornada exceda de seis horas continuadas, deberá establecerse un periodo de descanso durante la misma de al menos:

a) 10 minutos.
b) 15 minutos.
c) 20 minutos.
d) 30 minutos.

14. Según el Estatuto Marco, se considera falta muy grave:

a) La falta de obediencia debida a los superiores.
b) El acoso sexual, cuando el sujeto activo del acoso cree con su conducta un entorno laboral intimidatorio, hostil o humillante para la persona que es objeto del mismo.

c) El incumplimiento del deber de respeto a la Constitución o al respectivo Estatuto de Autonomía en el ejercicio de sus funciones.

d) La aceptación de cualquier tipo de contraprestación por los servicios prestados a los usuarios de los Servicios de Salud.

15. El funcionario sancionado con la separación del servicio no podrá concurrir a las pruebas de selección para la obtención de la condición de personal estatutario fijo, ni prestar servicios como personal estatutario temporal, durante:

a) Los 6 años siguientes.
b) Los 5 años siguientes.
c) Los 10 años siguientes.
d) La separación del servicio es definitiva.

16. Cuando la suspensión de funciones se imponga por falta muy grave, no podrá superar:

a) Los seis años.
b) Los diez años.
c) Los doce años.
d) Los quince años.

17. Las faltas graves prescribirán:

a) Al año.
b) A los dos años.
c) A los tres años.
d) A los cuatro años.

18. Las sanciones impuestas por faltas leves prescribirán:

a) Al mes.
b) A los tres meses.
c) A los seis meses.
d) Al año.

19. Las sanciones disciplinarias firmes que se impongan al personal estatutario se anotarán en su expediente personal. Las anotaciones por sanciones impuestas por faltas leves se cancelarán de oficio, desde el cumplimiento de la sanción, a:

a) Los 3 meses.
b) Los 6 meses.
c) El año.
d) Los 2 años.

20. Es una retribución básica del personal estatutario:

a) El complemento de destino.
b) El complemento de carrera.
c) Las pagas extraordinarias.
d) El complemento de productividad.

En MADTEST tienes **más preguntas de este tema**, y todos tus avances quedan registrados y se reflejan en el ranking.

¡Supera tus límites con MADTEST!

Solución al test n.º 5

1. a) Al personal estatutario de los servicios de salud.

2. a) Personal sanitario.

3. b) Personal de gestión y servicios.

4. a) El que una vez superado el correspondiente proceso selectivo, obtiene un nombramiento para el desempeño, con carácter permanente, de las funciones que de tal nombramiento se deriven.

5. d) El expediente laboral.

6. c) De Interinidad.

7. d) A la función desarrollada; al nivel del título exigido para su ingreso; y al tipo de nombramiento.

8. a) Las disposiciones y principios generales sobre función pública de la Administración correspondiente.

9. b) Técnicos superiores y Técnicos.

10. d) 150 horas al año.

11. b) Al personal estatutario que desempeña su función en los centros e instituciones sanitarias de los servicios de salud.

12. b) Una Ley ordinaria.

13. b) 15 minutos.

14. c) El incumplimiento del deber de respeto a la Constitución o al respectivo Estatuto de Autonomía en el ejercicio de sus funciones.

15. a) Los 6 años siguientes.

16. a) Los seis años.

17. b) A los dos años.

18. c) A los seis meses.

19. b) Los 6 meses.

20. c) Las pagas extraordinarias.

TEST N.º 6

El personal estatutario del Servicio Gallego de Salud: régimen de provisión y selección de plazas

1. Conforme a lo dispuesto en el Estatuto Marco, ¿cuál de los siguientes no es un principio básico rector de la provisión de plazas del personal estatutario?

a) El principio de planificación eficiente de las necesidades de recursos.

b) El principio de estabilidad del personal en el conjunto del Sistema Nacional de Salud.

c) El principio de integración en el régimen organizativo y funcional del Servicio de Salud y de sus Instituciones y Centros.

d) El principio de capacidad.

2. Según establece la Ley de Salud de Galicia, la provisión de puestos de trabajo en el Sistema Público de Salud de Galicia se realizará a través de los procedimientos de:

a) Oposición y Concurso-Oposición.

b) Selección, promoción interna, movilidad, reingreso al servicio activo y libre designación.

c) Selección, promoción interna y movilidad.

d) Selección, promoción interna, movilidad y reingreso al servicio activo.

3. Conforme al Decreto 206/2005, de provisión de plazas de personal estatutario del SERGAS, ¿con qué periodicidad elaborará el Servicio Gallego de Salud un plan de provisión de plazas destinado a programar las pruebas de acceso del nuevo personal y los procesos de promoción interna y movilidad voluntaria del personal estatutario fijo?

a) Anualmente.

b) Preferentemente cada dos años.

c) Cada cinco años.

d) Cada seis años.

4. En cuanto a la selección de personal temporal en la Comunidad Autónoma de Galicia, el período de prueba en el caso de personal de formación universitaria, tanto personal estatutario sanitario, como de gestión y servicios no podrá superar el trabajo efectivo durante:

a) 1 mes.

b) 15 días.

c) 2 meses.

d) 3 meses.

5. El Estatuto Marco, Ley 55/2003, establece en cuanto a la selección de personal estatutario fijo, que las convocatorias y sus bases vinculan a:

a) La Administración.
b) Los Tribunales encargados de juzgar las pruebas.
c) Quienes participen en las pruebas.
d) Todos los anteriores.

6. En virtud de la Ley 2/2015, de 29 de abril, del Empleo Público de Galicia. ¿Qué porcentaje, del total de plazas convocadas para el Servicio Gallego de Salud, se reservará para ser cubiertas entre personas con discapacidad de grado igual o superior al 33 por ciento?

a) Un mínimo de un 2 %.
b) Un mínimo de un 3 %.
c) Un mínimo de un 4 %.
d) Un mínimo de un 7 %.

7. Como norma general, la gestión de los llamamientos de los aspirantes será llevada a cabo por:

a) Las direcciones de recursos humanos de las gerencias de gestión integrada.
b) Las direcciones de recursos económicos de las gerencias de gestión integrada.
c) Las gerencias de gestión integrada.
d) Las Direcciones Provinciales.

8. Según lo establecido en el Decreto 206/2005, de 22 de julio, de provisión de plazas de personal estatutario del Servicio Gallego de Salud, en el procedimiento de concurso-oposición, los empates se resolverán a favor de:

a) El que obtuviese mayor puntuación en la fase de concurso.
b) El que obtuviese mayor puntuación en la fase de oposición.
c) El que obtuviese mayor puntuación en formación.
d) No hay criterios de desempate en ese procedimiento.

9. Una vez finalizado el proceso selectivo, y resuelta la relación de aspirantes, ¿qué plazo se podrá habilitar para que estos presenten la documentación que acredite el cumplimiento de los requisitos exigidos en la convocatoria?

a) Siete días.
b) Diez días.
c) Quince días.
d) Un mes.

10. ¿Qué plazo tienen, aquellos miembros del personal estatutario fijo que participen en un concurso de traslado, y ganen una plaza en distinta área de salud, dentro del SERGAS, para la toma de posesión de esa nueva plaza?

a) Quince días hábiles siguientes a aquel en que se publique la resolución definitiva.
b) Quince días hábiles siguientes al del cese.

c) Quince días naturales siguientes a aquel en que se publique la resolución definitiva.

d) Quince días naturales siguientes al del cese.

11. ¿Qué plazo tienen aquellos miembros del personal estatutario fijo que participen en un concurso de traslado, y ganen una plaza de la misma área de salud que la que venían desempeñando, para la toma de posesión de esa nueva plaza?

a) Dos días hábiles siguientes a aquel en que se publique la resolución definitiva.

b) Dos días hábiles siguientes al del cese.

c) Dos días naturales siguientes a aquel en que se publique la resolución definitiva.

d) Dos días naturales siguientes al del cese.

12. El Estatuto Marco, Ley 55/2003, establece que para poder participar en los procesos selectivos de Personal Estatutario Fijo será necesario tener cumplidos:

a) 16 años.

b) 17 años.

c) 18 años.

d) 19 años.

13. La Ley de Salud de Galicia establece que la oferta de empleo público del Sistema Público de Salud de Galicia tendrá una periodicidad de:

a) Por lo menos bianual.

b) Bianual.

c) Anual.

d) Por lo menos anual.

14. Conforme al Decreto 206/2005, ¿qué procedimiento se utilizará para la provisión de los puestos de jefatura de servicio de las áreas de gestión y servicios?

a) Concurso de méritos.

b) Oposición libre.

c) Libre designación.

d) Concurso-oposición.

15. ¿Qué plazo tienen aquellos miembros del personal estatutario fijo que participen en un concurso de traslado, y ganen una plaza correspondiente a otro Servicio de Salud, para la toma de posesión de esa nueva plaza?

a) Quince días hábiles siguientes a aquel en que se publique la resolución definitiva.

b) Quince días hábiles siguientes al del cese.

c) Un mes siguiente a aquel en que se publique la resolución definitiva.

d) Un mes siguiente al del cese.

16. Conforme al Decreto 206/2005, en tanto no se proceda a la resolución de las convocatorias para cubrir puestos de la organización directiva del Servicio Gallego de Salud, dichos puestos directivos, ¿podrán ser cubiertos mediante nombramiento provisional?

a) No, en ningún caso.

b) Sí, por un plazo máximo de tres meses.

c) Sí, por un plazo máximo de seis meses.

d) Sí, por un plazo máximo de un año.

17. El Estatuto Marco dispone que la selección del personal estatutario temporal se efectuará a través de procedimientos que permitan la máxima agilidad en la selección, que se basarán en los principios de:

a) Igualdad, mérito, capacidad.

b) Competencia.

c) Publicidad.

d) Todos son correctos.

18. El Estatuto Marco, Ley 55/2003, establece que la Selección de Personal estatutario fijo se efectuará con carácter general por el sistema de:

a) Oposición.

b) Concurso.

c) Concurso-oposición.

d) Indistintamente por cualquiera de los sistemas mencionados.

19. Atendiendo a lo establecido en el Decreto 206/2005, de 22 de julio, de provisión de plazas de personal estatutario del Servicio Gallego de Salud, los puestos de supervisor de área y coordinadores de atención primaria, se proveerán a través de:

a) Sistema de evaluación colegiada, si requieren dedicación exclusiva.

b) Sistema de libre designación.

c) Concurso de méritos.

d) Concurso-oposición.

20. ¿Qué requisitos establece el Estatuto Marco para poder participar en los procesos de selección de personal estatutario fijo?

a) Poseer la nacionalidad española o la de un Estado miembro de la Unión Europea o del Espacio Económico Europeo, u ostentar el derecho a la libre circulación de trabajadores conforme al Tratado de la Unión Europea o a otros Tratados ratificados por España, o tener reconocido tal derecho por norma legal.

b) Estar en posesión de la titulación exigida en la convocatoria o en condiciones de obtenerla dentro del plazo de presentación de solicitudes.

c) Poseer la capacidad funcional necesaria para el desempeño de las funciones que se deriven del correspondiente nombramiento.

d) Todos los anteriores son requisitos.

En MADTEST tienes **más preguntas de este tema**, y todos tus avances quedan registrados y se reflejan en el ranking.

¡Supera tus límites con MADTEST!

Solución al test n.º 6

1. b) El principio de estabilidad del personal en el conjunto del Sistema Nacional de Salud.

2. b) Selección, promoción interna, movilidad, reingreso al servicio activo y libre designación.

3. b) Preferentemente cada dos años.

4. d) 3 meses.

5. d) Vinculan a todos los anteriores.

6. d) Un mínimo de un 7 %.

7. a) Las direcciones de recursos humanos de las gerencias de gestión integrada.

8. b) El que obtuviese mayor puntuación en la fase de oposición.

9. b) Diez días.

10. b) Quince días hábiles siguientes al del cese.

11. b) Dos días hábiles siguientes al del cese.

12. c) 18 años.

13. a) Por lo menos bianual.

14. c) Libre designación.

15. d) Un mes siguiente al del cese.

16. b) Sí, por un plazo máximo de tres meses.

17. d) Todos son correctos.

18. c) Concurso-oposición.

19. b) El que obtuviese mayor puntuación en la fase de oposición.

20. d) Todos los anteriores son requisitos.

TEST N.º 7

**Normativa vigente sobre protección de datos personales
y garantía de los derechos digitales: disposiciones generales;
principios de protección de datos; derechos de las personas.
La ley Gallega 3/2001, de 28 de mayo, reguladora del
consentimiento informado y de la historia clínica de los pacientes**

1. Según el artículo 18.3 de la Constitución Española, se garantiza el secreto de las comunicaciones y, en especial, de las postales, telegráficas y telefónicas:

a) Siempre.
b) Salvo resolución judicial.
c) Excepto en los casos que establezcan las leyes.
d) Salvo consentimiento del interesado.

2. Cuando los plazos se señalen por días en el RGPD o en la LO 3/2018, se entiende que estos:

a) Son naturales.
b) Son hábiles, de lunes a sábado; excluyéndose del cómputo los domingos y los declarados festivos.
c) Son naturales; excluyéndose del cómputo los declarados festivos.
d) Son hábiles, excluyéndose del cómputo los sábados, los domingos y los declarados festivos.

3. El RGPD considera "destinatario":

a) A la persona física o jurídica, autoridad pública, servicio u otro organismo al que se comuniquen datos personales, siempre que se trate de un tercero.
b) A la persona física o jurídica, autoridad pública, servicio u otro organismo al que se comuniquen datos personales, se trate o no de un tercero.
c) A la autoridad pública que pueda recibir datos personales en el marco de una investigación concreta de conformidad con el Derecho de la Unión o de los Estados miembros.

d) A la persona física o jurídica, autoridad pública, servicio u organismo distinto del interesado, del responsable del tratamiento, del encargado del tratamiento y de las personas autorizadas para tratar los datos personales bajo la autoridad directa del responsable o del encargado.

4. El RGPD denomina a la autoridad pública independiente establecida por un Estado miembro:

a) Agencia Nacional de Protección de Datos.
b) Representante.
c) Autoridad de control.
d) Autoridad de referencia.

5. ¿Cómo denomina el RGPD el tratamiento de datos personales de manera tal que ya no puedan atribuirse a un interesado sin utilizar información adicional, siempre que dicha información adicional figure por separado y esté sujeta a medidas técnicas y organizativas destinadas a garantizar que los datos personales no se atribuyan a una persona física identificada o identificable?

a) Seudonimización.
b) Anonimización.
c) Generalización.
d) Encriptación.

6. Conforme al artículo 3 de la LO 3/2018, las personas vinculadas al fallecido por razones familiares o de hecho así como sus herederos:

a) No podrán dirigirse al responsable o encargado del tratamiento para solicitar el acceso a los datos personales de aquella, si no es por vía judicial.
b) Solo podrán dirigirse al encargado del tratamiento, siempre que sea con objeto de rectificar datos manifiestamente falsos.
c) Podrán dirigirse al responsable o encargado del tratamiento siempre que sea con objeto de solicitar la supresión de los datos personales de aquella sin posibilidad de acceder a ellos.
d) Podrán dirigirse al responsable o encargado del tratamiento al objeto de solicitar el acceso a los datos personales de aquella y, en su caso, su rectificación o supresión.

7. Las Administraciones Públicas incorporarán a los temarios de las pruebas de acceso a los cuerpos superiores y a aquellos en que habitualmente se desempeñen funciones que impliquen el acceso a datos personales materias relacionadas con la garantía de los derechos digitales y en particular:

a) El de protección de datos.
b) El de libertad de expresión.
c) El de protección de los menores.
d) El de seguridad de las comunicaciones.

8. Toda persona cuya identidad pueda determinarse, directa o indirectamente, en particular mediante un identificador, como por ejemplo un nombre, un número de identificación, datos de localización, un identificador en línea o uno o varios elementos propios de la identidad física, fisiológica, genética, psíquica, económica, cultural o social de dicha persona, se considerará persona física:

a) Identificable.
b) Fichada.
c) Legal.
d) Tratable.

9. Los datos personales serán tratados de tal manera que se garantice una seguridad adecuada de los mismos, incluida la protección contra el tratamiento no autorizado o ilícito y contra su pérdida, destrucción o daño accidental, mediante la aplicación de medidas técnicas u organizativas apropiadas; todo ello en virtud del principio de:

a) Responsabilidad proactiva.
b) Integridad y confidencialidad.
c) Limitación de la finalidad.
d) Licitud, lealtad y transparencia.

10. Conforme al principio de limitación de la finalidad, los datos personales serán recogidos con fines determinados, explícitos y:

a) Limitados.
b) Transparentes.
c) Compatibles.
d) Legítimos.

11. En virtud de qué principio previsto por el Reglamento General de Protección de Datos, los datos personales serán adecuados, pertinentes y limitado a lo necesario en relación con los fines para los que son tratados:

a) Principio de exactitud.
b) Principio de limitación de la finalidad.
c) Principio de responsabilidad proactiva.
d) Principio de minimización de datos.

12. En relación al consentimiento, el Reglamento General de Protección de Datos dispone que:

a) El consentimiento puede deducirse del silencio o de la inacción de los ciudadanos.
b) Se permite el llamado consentimiento tácito.

c) No es admisible el consentimiento del interesado dado en el contexto de una declaración escrita que también se refiera a otros asuntos.

d) Quienes recopilen datos personales deben ser capaces de demostrar que el afectado les otorgó su consentimiento.

13. Como la consecuencia del derecho que tienen los ciudadanos a solicitar, y obtener de los responsables, que los datos personales sean suprimidos cuando, entre otros casos, estos ya no sean necesarios para la finalidad con la que fueron recogidos, cuando se haya retirado el consentimiento o cuando estos se hayan recogido de forma ilícita, el Reglamento General de Protección de Datos propugna el derecho:

a) Al olvido.
b) De oposición.
c) De rectificación.
d) Al borrado.

14. Según el Reglamento General de Protección de Datos, cuando los datos personales no se hayan obtenido del interesado, el responsable del tratamiento le facilitará, entre otras informaciones, los fines del tratamiento a que se destinan los datos personales, así como la base jurídica del tratamiento. El responsable del tratamiento facilitará la información dentro de un plazo razonable, una vez obtenidos los datos personales, y a más tardar dentro de:

a) 10 días hábiles.
b) 20 días.
c) 1 mes.
d) 3 meses.

15. Según el Reglamento (UE) 2016/679, de 27 de abril, relativo a la protección de las personas físicas en lo que respecta al tratamiento de datos personales y a la libre circulación de estos datos, para poder considerar que el consentimiento del interesado para el tratamiento de sus datos personales es inequívoco:

a) Se requerirá declaración jurada del interesado donde manifieste su conformidad.
b) Se precisa contrato de cesión de datos personales.
c) Deberá existir una declaración del interesado o una acción positiva que manifieste su conformidad.
d) Bastará con el consentimiento por silencio, casillas ya marcadas o inacción.

16. El tratamiento de datos personales solo podrá considerarse fundado en el cumplimiento de una misión realizada en interés público o en el ejercicio de poderes públicos conferidos al responsable cuando derive de una competencia atribuida por:

a) Una norma con rango de ley.
b) El Reglamento General de Protección de Datos.

c) La Ley Orgánica 3/2018, de 5 de diciembre, de Protección de Datos Personales y garantía de los derechos digitales.

d) Un Reglamento.

17. Conforme al artículo 9 de la LO 3/2018, de 5 de diciembre, de Protección de Datos Personales y garantía de los derechos digitales, cuál de los siguientes tratamientos de datos fundados en el Derecho español deberá estar amparado en una norma con rango de ley:

a) Tratamiento necesario con fines de archivo en interés público, fines de investigación científica o histórica.

b) Tratamiento efectuado, en el ámbito de sus actividades legítimas y con las debidas garantías, por una fundación, una asociación o cualquier otro organismo sin ánimo de lucro, cuya finalidad sea política, filosófica, religiosa o sindical, siempre que el tratamiento se refiera exclusivamente a los miembros actuales o antiguos de tales organismos o a personas que mantengan contactos regulares con ellos en relación con sus fines y siempre que los datos personales no se comuniquen fuera de ellos sin el consentimiento de los interesados.

c) Tratamiento necesario para fines de medicina preventiva o laboral, evaluación de la capacidad laboral del trabajador, diagnóstico médico, prestación de asistencia o tratamiento de tipo sanitario o social, o gestión de los sistemas y servicios de asistencia sanitaria y social.

d) Tratamiento referido a datos personales que el interesado ha hecho manifiestamente públicos.

18. Conforme al RGPD, el interesado tendrá derecho a obtener del responsable del tratamiento la limitación del tratamiento de los datos cuando el responsable ya no necesite los datos personales para los fines del tratamiento, pero el interesado los necesite para:

a) La formulación, el ejercicio o la defensa de reclamaciones.

b) Verificar la exactitud de los mismos

c) Incorporarlos a sus archivos personales.

d) Proceder él mismo a su destrucción.

19. El derecho a la portabilidad de los datos:

a) Se podrá aplicar a los tratamientos que sean necesario para el cumplimiento de una misión realizada en interés público o en el ejercicio de poderes públicos conferidos al responsable del tratamiento.

b) A diferencia de otros derechos, podrá afectar negativamente a los derechos y libertades de otros.

c) Supone la obligación de que, en todo caso, los datos personales se transmitan directamente de responsable a responsable.

d) Requiere que el tratamiento se efectúe por medios automatizados.

20. Cuando las solicitudes de ejercicio de los derechos de un interesado en un tratamiento de datos de carácter personal sean manifiestamente infundadas o excesivas, especialmente debido a su carácter repetitivo, el responsable del tratamiento podrá cobrar un canon razonable en función de los costes administrativos afrontados para facilitar la información o la comunicación o realizar la actuación solicitada. A menos que exista causa legítima para ello, se podrá considerar repetitivo el ejercicio del derecho de acceso en más de una ocasión durante el plazo de (a partir de):

a) 3 meses.
b) 6 meses.
c) 10 meses.
d) 1 año.

En MADTEST tienes **más preguntas de este tema**, y todos tus avances quedan registrados y se reflejan en el ranking.

¡Supera tus límites con MADTEST!

Solución al test n.º 7

1. b) Salvo resolución judicial.

2. d) Son hábiles, excluyéndose del cómputo los sábados, los domingos y los declarados festivos.

3. b) A la persona física o jurídica, autoridad pública, servicio u otro organismo al que se comuniquen datos personales, se trate o no de un tercero.

4. c) Autoridad de control.

5. a) Seudonimización.

6. d) Podrán dirigirse al responsable o encargado del tratamiento al objeto de solicitar el acceso a los datos personales de aquella y, en su caso, su rectificación o supresión.

7. a) El de protección de datos.

8. a) Identificable.

9. b) Integridad y confidencialidad.

10. d) Legítimos.

11. d) Principio de minimización de datos.

12. d) Quienes recopilen datos personales deben ser capaces de demostrar que el afectado les otorgó su consentimiento.

13. a) Al olvido.

14. c) 1 mes.

15. c) Deberá existir una declaración del interesado o una acción positiva que manifieste su conformidad.

16. a) Una norma con rango de ley.

17. c) Tratamiento necesario para fines de medicina preventiva o laboral, evaluación de la capacidad laboral del trabajador, diagnóstico médico, prestación de asistencia o tratamiento de tipo sanitario o social, o gestión de los sistemas y servicios de asistencia sanitaria y social.

18. a) La formulación, el ejercicio o la defensa de reclamaciones.

19. d) Requiere que el tratamiento se efectúe por medios automatizados.

20. b) 6 meses.

TEST N.º 8

La Ley 31/1995, de 8 de noviembre, de Prevención de Riesgos Laborales: capítulos I, II, III y V. Principales riesgos y medidas de prevención en las IISS. Ley Orgánica 1/2004, de 28 de diciembre, de Medidas de Protección Integral contra la Violencia de Género. Ley 11/2007, de 27 de julio, gallega para la prevención y el tratamiento integral de la violencia de género. Legislación sobre igualdad de mujeres y hombres: su aplicación en los distintos ámbitos de la función pública

1. Señala la respuesta incorrecta:

a) La Ley de Prevención de Riesgos Laborales se aplica a los operativos de Seguridad civil en casos de catástrofe.

b) La Ley de Prevención de Riesgos Laborales se aplica a las sociedades cooperativas.

c) En el ámbito de la relación laboral de carácter especial del servicio del hogar familiar, las personas trabajadoras tienen derecho a una protección eficaz en materia de seguridad y salud en el trabajo.

d) En los establecimientos penitenciarios, se adaptarán a la Ley de Prevención de Riesgos Laborales aquellas actividades cuyas características justifiquen una regulación especial.

2. ¿Cuál es la vigente Ley de Prevención de Riesgos Laborales?

a) Ley 32/1995, de 8 de noviembre.

b) Ley 30/1996, de 8 de noviembre.

c) Ley 31/1995, de 6 de noviembre.

d) Ley 31/1995, de 8 de noviembre

3. El órgano científico técnico especializado de la Administración General del Estado que tiene como misión el análisis y estudio de las condiciones de seguridad y salud en el trabajo, así como la promoción y apoyo a la mejora de las mismas, es:

a) El Instituto Nacional de Seguridad y Salud en el Trabajo.

b) La Comisión Nacional de Seguridad y Salud en el Trabajo.

c) El Instituto Carlos III.
d) El Centro Nacional de Promoción y Cuidados de la Salud.

4. La Presidencia de la Comisión Nacional de Seguridad y Salud en el Trabajo, corresponde a:

a) El titular del Ministerio competente en materia de Sanidad.
b) El titular del Ministerio competente en materia de Empleo.
c) El Secretario de Estado de Trabajo.
d) El Director del Instituto Nacional de Seguridad y Salud en el Trabajo.

5. ¿Qué se entiende por "riesgo laboral"?

a) La posibilidad de que un trabajador sufra un determinado daño derivado del trabajo.
b) La posibilidad de que un trabajador sufra una enfermedad en el trabajo.
c) La posibilidad de que un trabajador sufra acoso.
d) El riesgo que supone el ir a trabajar.

6. Según establece la Ley 31/1995 de Prevención de Riesgos Laborales, ¿a qué órgano le corresponde la función de vigilancia y control de la normativa de prevención de riesgos laborales?

a) Al Instituto Nacional de Seguridad y Salud en el Trabajo.
b) A la Inspección de Trabajo y Seguridad Social.
c) Al Servicio de Salud.
d) A la Comisión Nacional de Seguridad y Salud del Trabajo.

7. Según establece el art. 4 de la Ley 31/1995, de 8 de noviembre, de Prevención de Riesgos Laborales, se define como daños derivados del trabajo:

a) La posibilidad de que un trabajador sufra un determinado daño derivado del trabajo.
b) El que resulte probable racionalmente que se materialice en un futuro inmediato y pueda suponer y pueda suponer un daño grave para la salud de los trabajadores.
c) Las enfermedades, patologías o lesiones sufridas con motivo u ocasión del trabajo.
d) Cualquier máquina, aparato, instrumento o instalación utilizada en el trabajo.

8. Los instrumentos esenciales para la gestión y aplicación del Plan de prevención de riesgos laborales son:

a) La evaluación de riesgos y la planificación de la actividad preventiva.
b) La evaluación inicial de riesgos y la formación.
c) La planificación y la gestión de la actividad preventiva.
d) La identificación y la evaluación de los riesgos.

9. Las normas reglamentarias en materia de Prevención las dicta:

a) El Gobierno, a través de las correspondientes normas reglamentarias y previa consulta a las organizaciones sindicales y empresariales más representativas.
b) Los Delegados de Prevención.
c) Los Delegados de Prevención y el Empresario.
d) El Empresario.

10. La Comisión Nacional de Seguridad y Salud en el Trabajo, está compuesta por:

a) Representantes de las organizaciones sindicales y empresariales.
b) Un representante de cada una de las Comunidades Autónomas y representantes de las organizaciones sindicales y empresariales.
c) Representantes de la Administración y representantes de las organizaciones sindicales y empresariales.
d) Un representante de cada una de las Comunidades Autónomas y por igual número de miembros de la Administración General del Estado y, paritariamente con todos los anteriores, por representantes de las organizaciones empresariales y sindicales más representativas.

11. ¿Cuándo se deben utilizar los equipos de protección individual?

a) Siempre.
b) Cuando los riesgos no hayan sido evaluados.
c) Cuando los riesgos no se puedan evitar o no puedan limitarse.
d) Cuando el trabajador lo estime oportuno.

12. La Ley de Prevención de Riesgos laborales, tiene por objeto:

a) Prevenir los accidentes en general.
b) Evitar riesgos en el recorrido al puesto de trabajo.
c) Promover la seguridad y la salud de los trabajadores.
d) Que cada vez haya menos accidentes de tráfico.

13. Según la Ley de Prevención de Riesgos Laborales, se constituirá un Comité de Seguridad y Salud en todas las empresas o centros de trabajo que cuenten con:

a) 30 o más trabajadores.
b) 50 o más trabajadores.
c) 75 o más trabajadores.
d) 100 o más trabajadores.

14. La regulación de los requisitos mínimos que deben reunir las condiciones de trabajo para la protección de la seguridad y la salud de los trabajadores, corresponde a:

a) Las Cortes Generales.
b) El Gobierno de la nación, previa consulta a las organizaciones sindicales y empresariales más representativas.

c) El Consejo de Gobierno de cada Comunidad Autónoma; por delegación del Consejo de Ministros.

d) Los Convenios Colectivos.

15. El proceso dirigido a estimar la magnitud de aquellos riesgos que no hayan podido evitarse, obteniendo la información necesaria para que el empresario esté en condiciones de tomar una decisión apropiada sobre la necesidad de adoptar medidas preventivas y, en tal caso, sobre el tipo de medidas que deben adoptarse, se llama:

a) Adaptación del puesto de trabajo.

b) Evaluación de los riesgos laborales.

c) Plan de prevención de riesgos laborales.

d) Señalización de seguridad y salud en el trabajo.

16. La función de vigilancia y control de la normativa sobre prevención de riesgos laborales corresponde:

a) A la Dirección General de Personal y Desarrollo Profesional.

b) A la Delegación Provincial de Trabajo.

c) A la Inspección de Trabajo y Seguridad Social.

d) Al Servicio de Medicina Preventiva.

17. Entre los principios de la acción preventiva recogidos por el artículo 15 de la Ley de Prevención de Riesgos Laborales, no figura:

a) Evitar los riesgos.

b) Evaluar los riesgos que se puedan evitar.

c) Tener en cuenta la evolución de la técnica.

d) Dar las debidas instrucciones a los trabajadores.

18. La Prevención de Riesgos Laborales deberá integrarse en el sistema general de gestión de la empresa a través de:

a) La política preventiva.

b) El plan de prevención.

c) El consenso de las partes.

d) El poder de decisión del empresario.

19. ¿Cuál de los siguientes principios generales de la acción preventiva a aplicar en el trabajo, contenidos en la Ley de Prevención de Riesgos Laborales, es incorrecto?

a) Evaluar los riesgos que no se pueden evitar.

b) Priorizar medidas individuales a las colectivas.

c) Combatir los riesgos en su origen.

d) Tener en cuenta la evolución de la técnica.

20. El Plan de prevención de riesgos laborales debe ser aprobado por:

a) La dirección de la empresa.
b) La autoridad sanitaria.
c) Los representantes de los trabajadores.
d) Todos los trabajadores.

En MADTEST tienes **más preguntas de este tema**, y todos tus avances quedan registrados y se reflejan en el ranking.

¡Supera tus límites con MADTEST!

Solución al test n.º 8

1. a) La Ley de Prevención de Riesgos Laborales se aplica a los operativos de Seguridad civil en casos de catástrofe.

2. d) Ley 31/1995, de 8 de noviembre.

3. a) El Instituto Nacional de Seguridad y Salud en el Trabajo.

4. c) El Secretario de Estado de Trabajo.

5. a) La posibilidad de que un trabajador sufra un determinado daño derivado del trabajo.

6. b) A la Inspección de Trabajo y Seguridad Social.

7. c) Las enfermedades, patologías o lesiones sufridas con motivo u ocasión del trabajo.

8. a) La evaluación de riesgos y la planificación de la actividad preventiva.

9. a) El Gobierno, a través de las correspondientes normas reglamentarias y previa consulta a las organizaciones sindicales y empresariales más representativas.

10. d) Un representante de cada una de las Comunidades Autónomas y por igual número de miembros de la Administración General del Estado y, paritariamente con todos los anteriores, por representantes de las organizaciones empresariales y sindicales más representativas.

11. c) Cuando los riesgos no se puedan evitar o no puedan limitarse.

12. c) Promover la seguridad y la salud de los trabajadores.

13. b) 50 o más trabajadores.

14. b) El Gobierno de la nación, previa consulta a las organizaciones sindicales y empresariales más representativas.

15. b) Evaluación de los riesgos laborales.

16. c) A la Inspección de Trabajo y Seguridad Social.

17. b) Evaluar los riesgos que se puedan evitar.

18. b) El plan de prevención.

19. b) Priorizar medidas individuales a las colectivas.

20. a) La dirección de la empresa.

PARTE ESPECÍFICA

TEST N.º 1

La cocina hospitalaria: concepto. Condiciones estructurales básicas de los locales y las instalaciones. Zonas de sucio y de limpio. La cadena alimentaria, principio de marcha adelante, circuitos de trabajo. Distribución funcional de las cocinas hospitalarias

1. A la hora de seleccionar una máquina de cocina, ¿qué factor/es se tendrá/n en cuenta?

a) Lugar de instalación.
b) Fórmulas de restauración a utilizar.
c) Capacidad de los equipos.
d) Todas las respuestas son correctas.

2. ¿Qué significa el concepto de marcha adelante?

a) Que no se deben cruzar las vías "sucias" y "limpias".
b) Que los alimentos no deben volver atrás en el proceso.
c) Que la distribución de la cocina debe estar determinada por el proceso.
d) Todas las respuestas son correctas.

3. El servicio de cocina hospitalaria, ¿será propio o ajeno?

a) Propio.
b) Ajeno.
c) Puede ser propio o ajeno.
d) Ya sea propio o ajeno, la cocina siempre estará situada en el centro.

4. Según el principio de marcha adelante, ¿cuál de las siguientes respuestas es correcta?

a) El proceso de emplatado irá en una sola dirección y no retrocederá en ningún momento.
b) La zona de lavado estará situada junto a la zona de preparación, para evitar que los platos sucios recorran largas distancias.
c) Los cubos de basura estarán al final de la zona de emplatado por si sobra algo, ya que los alimentos avanzarán desde las zonas sucias a las zonas limpias.
d) Todas las respuestas son correctas.

5. Si la gestión del servicio de cocina se externaliza, y la comida se elabora en las instalaciones del Hospital, ¿qué modalidad es aquella en la que la explotación de la cocina corresponde al personal del Centro Hospitalario, pero la provisión de materia prima se lleva a cabo a través de un proveedor externo?

a) Unidad de producción externa.
b) Unidad de producción interna y provisión externa.
c) Unidad de producción mixta.
d) Internalización de la gestión.

6. ¿Qué características tiene la cocina hospitalaria centralizada?

a) Alejamiento y aislamiento de los locales de cocina de cualquier fuente de contaminación.
b) Fácil acceso desde la zona de recepción de materia prima a la cocina, y de la cocina a la zona de distribución.
c) Suelos antideslizantes, con la debida inclinación hacia los sumideros para evitar acumulación de agua.
d) Todas las respuestas son correctas.

7. ¿Qué característica no debe tener la cocina hospitalaria centralizada?

a) Espacio suficiente para la actividad a realizar, y para la circulación del equipamiento móvil.
b) Las tuberías y conductos de aire estarán a la vista, para evitar la acumulación de suciedad.
c) Las uniones entre paramentos serán redondeadas para facilitar su limpieza.
d) Habrá lavamanos suficientes, con sistema de accionamiento por pedal preferentemente, para facilitar el lavado higiénico de manos.

8. Con el sistema de cocina central:

a) Se consigue la manipulación de los alimentos en los *offices*.
b) Se evita la producción de residuos en cocina.
c) Se elimina la manipulación de los alimentos en los *offices*.
d) Se elimina el paso de los alimentos por las dependencias de limpieza.

9. Las aberturas y ventanas o huecos practicables para la ventilación de los locales de cocina deberán estar dotados de:

a) Sistema de clausura para impedir su manipulación.
b) Cristales opacos para evitar que la luz natural estropee los alimentos.
c) Rejillas de malla adecuadas para evitar el paso de insectos.
d) Rejas homologadas por la ley de prevención de riesgos laborales.

10. En los locales de cocina, las uniones de paramentos verticales y horizontales:

a) Deberán ser redondeados.
b) Deberán estar recubiertos con perfiles metálicos.

c) Deberán estar recubiertos con perfiles de PVC.
d) Se pintarán al menos dos veces al año.

11. Una de las características que deberá tener el suelo de una cocina colectiva es:

a) Deberá estar provisto de desagües con los dispositivos adecuados (sifones, rejillas, etc.).
b) Estará totalmente nivelado y desprovisto de sumideros para evitar los malos olores y el acceso de roedores o insectos.
c) Estará construido con materiales absorbentes que empapen cualquier derrame de líquidos.
d) Estará construido con material deslizante para facilitar su limpieza.

12. Las actividades relacionadas con la manipulación de alimentos tienen un flujo marcado por:

a) El principio de marcha adelante.
b) El principio de cruce de circuitos.
c) El principio de economía de movimientos.
d) Ninguno de los anteriores.

13. ¿Qué características cumplirán las áreas para la higiene de personal de la cocina?

a) Los vestuarios de personal se situaran en dependencias anexas a los locales donde se manipulen alimentos.
b) Los servicios higiénicos no tendrán acceso directo a la zona de manipulación.
c) Habrá lavamanos suficientes, con sistema de accionamiento por pedal preferentemente, para facilitar el lavado higiénico de manos.
d) Todas las respuestas son correctas.

14. ¿Cómo debe ser el suelo de la cocina de un hospital?

a) De metal con rejillas.
b) Antideslizantes.
c) Con inclinación suficiente hacia sumideros.
d) Las opciones b) y c) son correctas.

15. ¿Cuál de los siguientes no es una característica de los equipos y otros útiles de trabajo en una cocina?

a) Materiales inocuos.
b) Materiales porosos.
c) Materiales lisos.
d) Materiales fáciles de limpiar.

16. ¿Cómo han de ser los techos de una cocina para colectividades?

a) Estarán construidos de forma que no se acumule polvo.
b) De fácil limpieza.
c) Protecciones para evitar cualquier tipo de accidente por rotura.
d) Todas son correctas.

17. ¿Cuál de las siguientes zonas de una cocina se considera zona sucia?

a) Zonas de lavado.
b) Zona de emplatado.
c) Zona de distribución
d) Todas son zonas sucias.

18. A una de las puertas batientes le ha salpicado aceite; ¿cómo serán las puertas de la cocina?

a) De material liso.
b) Fáciles de limpiar.
c) De material rugoso.
d) Las respuestas a) y b) son correctas.

19. ¿Qué característica/s debe tener el proceso de producción en cocina?

a) Flujo continuo.
b) Separación de zonas.
c) Establecimiento de circuitos.
d) Todas las respuestas son correctas.

20. ¿Qué respuesta es falsa?

a) Cada zona de trabajo contará con los materiales necesarios.
b) Cada zona de trabajo contará con los utensilios necesarios para las tareas a realizar.
c) En la cocina nunca se establecen diferentes circuitos.
d) La respuestas a) y b) son correctas.

En MADTEST tienes **más preguntas de este tema**, y todos tus avances quedan registrados y se reflejan en el ranking.

¡Supera tus límites con MADTEST!

Solución al test n.º 1

1. d) Todas las respuestas son correctas.

2. d) Todas las respuestas son correctas.

3. c) Puede ser propio o ajeno.

4. a) El proceso de emplatado irá en una sola dirección y no retrocederá en ningún momento.

5. b) Unidad de producción interna y provisión externa.

6. d) Todas las respuestas son correctas.

7. b) Las tuberías y conductos de aire estarán a la vista, para evitar la acumulación de suciedad.

8. c) Se elimina la manipulación de los alimentos en los offices.

9. c) Rejillas de malla adecuadas para evitar el paso de insectos.

10. a) Deberán ser redondeados.

11. a) Deberá estar provisto de desagües con los dispositivos adecuados (sifones, rejillas, etc.).

12. a) El principio de marcha adelante.

13. d) Todas las respuestas son correctas.

14. c) Las opciones b) y c) son correctas.

15. b) Materiales porosos.

16. d) Todas son correctas.

17. a) Zonas de lavado.

18. d) Las respuestas a) y b) son correctas.

19. d) Todas las respuestas son correctas.

20. c) En la cocina nunca se establecen diferentes circuitos.

Maquinaria, herramientas y ajuar en las cocinas de colectividades, descripción, uso y limpieza. Nuevas tecnologías en la producción y distribución de comidas en colectividades

1. ¿Cuál de estos utensilios sirve para la elaboración de pescado?

a) Turbotera con rejilla.
b) Lubinera.
c) Besuguera.
d) Todas las anteriores tienen esa utilidad.

2. ¿Qué ventajas tiene el acero inoxidable?

a) Gran resistencia.
b) Fácil limpieza.
c) Buen conductor del calor.
d) Las respuestas a) y b) son correctas.

3. ¿Para qué se utiliza la marmita?

a) Para elaborar asados.
b) Para elaborar fondos.
c) Para cocciones al vacío.
d) Todas las respuestas son correctas.

4. ¿Qué capacidad media tiene un cazo alto con mango?

a) De 2 a 6 litros.
b) De 10 a 15 litros.
c) 50 litros como máximo.
d) Tiene capacidad mínima de 20 litros.

5. ¿Cuál de los siguientes utensilios de cocina se utilizan para asar alimentos?

a) Marmita.
b) Cazo.
c) Rondón.
d) Rustidera.

6. ¿Cuál de los siguientes moldes no es redondo?

a) Pudding.
b) Magdalenas.
c) Brioches.
d) Bizcocho.

7. ¿Qué característica tiene el molde de pan de miga?

a) La masa fermenta dentro.
b) No tiene tapa.
c) Es de plástico.
d) Todas las respuestas son correctas.

8. La *sautese* es utilizada para:

a) Saltear, rehogar y estofar géneros.
b) Confeccionar salsas y cremas.
c) Asar grandes piezas de carne.
d) Presentar pescados.

9. ¿Para qué se utiliza la cazuela de barro?

a) Se utiliza mucho para elaborar asados en horno.
b) Para hacer la sopa castellana.
c) Para hacer marmitako.
d) Todas son correctas.

10. ¿Para qué se utiliza el baño María?

a) Se usa para mantener calientes ciertas elaboraciones.
b) Para asar.
c) Para elaborar salsas, hervidos, purés, cremas.
d) Se utiliza para la cocción de pequeñas cantidades de producto.

11. ¿Para qué se utiliza un tamiz?

a) Para batir.
b) Para homogeneizar el grosor de ciertos alimentos como la harina.

c) Para decorar o rellenar con masa o crema.
d) Para rebañar las mezclas o masas.

12. ¿Qué característica debe cumplir cualquier generador de calor respecto a su ubicación?

a) Dejará espacio alrededor para la difusión de la energía que se pierda.
b) La maquinaria ha de estar debidamente aislada para evitar toda pérdida de energía.
c) Toda maquinaria irá pegada a la pared.
d) Son correctas las respuestas a) y c).

13. ¿Cómo se puede evitar que el gas salga una vez que los fogones están apagados y no hay llama?

a) Solo se garantiza cortando el suministro.
b) Con una válvula de seguridad.
c) Con un generador de frío que compense el calor.
d) No se puede evitar.

14. ¿Qué afirmación es cierta?

a) En la placa de inducción el calor pasa de la resistencia eléctrica al cristal cerámico y de este al recipiente.
b) En las placas vitrocerámicas se utiliza un mecanismo de campo magnético.
c) La placa de inducción permanece fría al retirar el recipiente.
d) El sistema de inducción necesita utensilios no metálicos.

15. ¿Qué función tiene la campana extractora en cocina?

a) Absorber los vapores y gases desprendidos en la cocción.
b) Reducir la temperatura desprendida durante la cocción.
c) Mover el aire interno de la cocina para evitar que se concentren vapores.
d) Emitir aire frío.

16. ¿Qué elementos suelen ser desmontables en las cocinas de gas?

a) Rejilla-soporte de recipientes y placa recogedora de grasa.
b) Quemador y bandeja.
c) Todos los anteriores.
d) Ninguno de los anteriores.

17. ¿Cómo se definen los utensilios de cocina?

a) Herramientas utilizadas para la manipulación de los alimentos.
b) Herramientas utilizada para la elaboración de platos.

c) Elementos utilizados para protegerse de los riesgos derivados del trabajo.

d) Las respuestas a) y b) son correctas.

18. ¿Qué sistema de seguridad tienen las placas de inducción?

a) Solo transmiten calor cuando entran en contacto con el recipiente.

b) Avisan sonoramente cuando se acerca la mano.

c) Marcan la temperatura del alimento que se está calentando.

d) Transmiten de manera continua el calor, y solo se puede regular por el propio trabajador.

19. ¿Qué inconveniente tiene el uso de productos corrosivos en los fogones eléctricos?

a) Pueden producir quemaduras o lesiones.

b) Pueden atacar al mecanismo del equipo.

c) Pueden producir accidentes cuando se conectan.

d) Todas las respuestas anteriores son correctas.

20. ¿Qué equipos se utilizan en cocinas industriales?

a) Generadores de calor.

b) Generadores de frío.

c) Las respuestas a) y b) son correctas.

d) Las respuestas a) y b) son falsas.

En MADTEST tienes **más preguntas de este tema**, y todos tus avances quedan registrados y se reflejan en el ranking.

¡Supera tus límites con MADTEST!

Solución al test n.º 2

1. d) Todas las anteriores tienen esa utilidad.

2. d) Las respuestas a) y b) son correctas.

3. b) Para elaborar fondos.

4. a) De 2 a 6 litros.

5. d) Rustidera.

6. a) Pudding.

7. a) La masa fermenta dentro.

8. a) Saltear, rehogar y estofar géneros.

9. d) Todas son correctas.

10. a) Se usa para mantener calientes ciertas elaboraciones.

11. b) Para homogeneizar el grosor de ciertos alimentos como la harina.

12. b) La maquinaria ha de estar debidamente aislada para evitar toda pérdida de energía.

13. b) Con una válvula de seguridad.

14. c) La placa de inducción permanece fría al retirar el recipiente.

15. a) Absorber los vapores y gases desprendidos en la cocción.

16. c) Todos los anteriores.

17. d) Las respuestas a) y b) son correctas.

18. a) Solo transmiten calor cuando entran en contacto con el recipiente.

19. d) Todas las respuestas anteriores son correctas.

20. c) Las respuestas a) y b) son correctas.

TEST N.º 3

La contaminación de los alimentos. Peligros de transmisión alimentaria, orígenes. Prevención, tratamientos y eliminación de ellos. La contaminación cruzada. Sistemas de conservación de los alimentos

1. ¿Qué puede ocurrir cuando el alimento es contaminado por microorganismos y tiene cambios en sus características organolépticas?

a) Probablemente sea rechazado antes de su consumo.
b) Hay mayor riesgo.
c) La contaminación es más grave.
d) Es salmonelosis.

2. ¿Cómo se denominan las sustancias tóxicas producidas por microorganismos en los alimentos?

a) Proteínas.
b) Microbicinas.
c) Toxinas.
d) Intoxicaciones.

3. Uno de los factores que influyen en el desarrollo de las enfermedades de transmisión alimentaria es:

a) Contaminación cruzada entre productos crudos y cocinados.
b) Cocción insuficiente de los alimentos.
c) Mantener los alimentos a temperatura ambiente en lugar del refrigerador.
d) Todas son correctas.

4. Ante una infección o intoxicación alimentaria, se debe:

a) Comunicarlo de inmediato a la autoridad sanitaria competente.
b) Tratar de recordar y anotar la relación de menús y alimentos. Consumidos por el grupo de personas afectadas, así como la fecha y el lugar donde se adquirieron.

c) Conservar aislados y refrigerados del resto de alimentos, ya que su análisis puede ser decisivo a la hora de encontrar la causa del problema.
d) Todas son correctas.

5. ¿Cómo se denominan las enfermedades alimentarias debidas a la toxina de un microorganismo?

a) Infecciones alimentarias.
b) Intoxicaciones alimentarias.
c) Toxiinfecciones alimentarias.
d) Enfermedades metabólicas.

6. ¿En qué caso es más elevada la aparición de toxiinfecciones alimentarias?

a) Paisas desarrollados.
b) Invierno.
c) Verano.
d) No hay variaciones.

7. ¿Quién tiene mayor riesgo de padecer los síntomas de una toxiinfección alimentaria?

a) Ancianos.
b) Adultos sanos.
c) Mujeres.
d) Todos estos colectivos de población tienen el mismo riesgo.

8. ¿Qué modificaciones físicas pueden sufrir los alimentos como consecuencia de alteraciones provocadas por microorganismos?

a) En la consistencia.
b) En la composición.
c) En la acidez.
d) En la formación de gases.

9. ¿Qué tipo de alimento es el arroz?

a) Perecedero.
b) Semiperecedero.
c) No perecedero.
d) Inestable.

10. ¿Qué condiciones favorecen el desarrollo de microorganismos en el alimento?

a) Composición del alimento.
b) Contenido en agua.

c) Temperatura.
d) Todas estas condiciones influyen.

11. ¿A qué temperatura mueren la mayoría de los microorganismos?

a) A -18 ºC.
b) A 50 ºC.
c) A 65 ºC.
d) A 100 ºC.

12. ¿Por qué sobre el limón no crecen muchos microorganismos?

a) Por su acidez.
b) Por su escaso contenido en agua.
c) Por la falta de nutrientes.
d) Por la temperatura de conservación.

13. ¿Qué es un contaminante?

a) Microorganismos que se añaden al yogur para que fermente.
b) Aditivos autorizados.
c) Elementos que se incorporan de manera involuntaria al alimento, y que pueden tener consecuencias negativas sobre la salud del consumidor.
d) Todas las respuestas son correctas.

14. ¿Cuál/es de las siguientes son bacterias?

a) *Clostridium*.
b) *Brucella*.
c) *Escherichia coli*.
d) Todas las anteriores.

15. ¿Cuáles de los siguientes son parásitos?

a) Salmonella, Clostridium y Vibrio.
b) Hepatitis, Norwalk y Virus de la encelopatía espongiforme bovina.
c) Triquina, Anisakis y protozoos.
d) Todas las respuestas son correctas.

16. ¿En qué alimentos es más fácil la contaminación bacteriana?

a) Aceite.
b) Azúcar.
c) Leche.
d) Harina.

17. ¿Qué son las bacterias anaerobias?

a) Las que necesitan oxígeno para vivir.
b) Las que viven en ausencia de oxígeno.
c) Las que permanecen latentes en condiciones adversas.
d) Ninguna respuesta es correcta.

18. ¿En qué condiciones se desarrolla la bacteria Salmonella?

a) A temperatura ambiente.
b) En la carne picada.
c) En la leche sin pasteurizar.
d) Todas las respuestas indican condiciones adecuadas para el desarrollo de la bacteria.

19. ¿Cómo se destruye el *Clostridium botulinum*?

a) Por congelación.
b) A 65 ºC en el centro del producto.
c) A 120 ºC durante 20 minutos.
d) No se destruye con la temperatura.

20. ¿Cuál de las siguientes bacterias se puede encontrar en las ostras?

a) Yersinia.
b) *Campylobacter*.
c) *Bacillus*.
d) Estafilococo.

En MADTEST tienes **más preguntas de este tema**, y todos tus avances quedan registrados y se reflejan en el ranking.

¡Supera tus límites con MADTEST!

Solución al test n.º 3

1. a) Probablemente sea rechazado antes de su consumo.

2. c) Toxinas.

3. d) Todas son correctas.

4. d) Todas son correctas.

5. b) Intoxicaciones alimentarias.

6. c) Verano.

7. a) Ancianos.

8. a) En la consistencia.

9. c) No perecedero.

10. d) Todas estas condiciones influyen.

11. d) A 100 ºC.

12. a) Por su acidez.

13. c) Elementos que se incorporan de manera involuntaria al alimento, y que pueden tener consecuencias negativas sobre la salud del consumidor.

14. d) Todas las anteriores.

15. c) Triquina, Anisakis y protozoo.

16. c) Leche.

17. b) Las que viven en ausencia de oxígeno.

18. d) Todas las respuestas indican condiciones adecuadas para el desarrollo de la bacteria.

19. c) A 120 ºC durante 20 minutos.

20. a) Yersinia.

TEST N.º 4

Normativa básica en las cocinas de colectividades. Sistemas de análisis de peligros y puntos de control críticos. Definiciones, concepto básico de implantación de desarrollo

1. Todo manipulador de alimentos debe respetar las siguientes normas de higiene:

a) Lavado de manos con agua caliente y jabón.
b) Fumar, toser o estornudar sobre el alimento.
c) Usar mascarilla exclusivamente para la manipulación de productos que se consumirán en crudo.
d) Todas son correctas.

2. ¿Qué hará el manipulador de alimentos si está afectado por un proceso diarreico?

a) No presentarse a trabajar.
b) No realizará ningún tipo de trabajo de manipulación, independientemente de la gravedad de la infección.
c) Informará con la finalidad de que se valore la necesidad de someterse a examen médico, y, en caso necesario, su exclusión temporal de la manipulación de productos alimenticios.
d) Continuará con su tarea normal, ya que no influye en su trabajo.

3. ¿Quién impartirá la formación a los manipuladores de alimentos?

a) La propia empresa o una entidad autorizada por la autoridad sanitaria competente.
b) La propia empresa siempre.
c) La autoridad competente.
d) Una empresa auditora.

4. Garantizarán que los manipuladores de alimentos dispongan de una formación adecuada en higiene de los alimentos de acuerdo con su actividad laboral:

a) Las empresas del sector alimentario.
b) La Comunidad Autónoma respectiva.
c) La autoridad sanitaria competente.
d) Las opciones a) y b) son correctas.

5. Las personas que, por su actividad laboral, tienen contacto directo con los alimentos durante su preparación, fabricación, transformación, elaboración, envasado, almacenamiento, transporte, distribución, venta, suministro y servicio, son llamadas:

a) Manipuladores alimentarios.
b) Manipuladores de alimentos.
c) Manejadores de alimentos.
d) Manejadores alimentarios.

6. Señala cuál de las siguientes actividades puede realizar el manipulador de alimentos durante el ejercicio de la actividad:

a) Fumar.
b) Masticar chicle.
c) Comer en el puesto de trabajo.
d) Ninguna de las opciones anteriores es correcta.

7. ¿Cuál es la definición correcta de Higiene Alimentaria, según la Organización Mundial de la Salud?

a) El conjunto de medidas necesarias para asegurar la salubridad de un producto.
b) El conjunto de medidas necesarias para asegurar la inocuidad de un producto.
c) El conjunto de medidas necesarias para asegurar el buen estado de los productos.
d) El conjunto de medidas necesarias para asegurar la salubridad, inocuidad y buen estado de los productos destinados a la alimentación, en todas las etapas de su preparación.

8. ¿En qué etapa del proceso hay riesgo de contaminación del alimento?

a) En la cocción.
b) En el envasado.
c) En la preparación en crudo.
d) En todas las etapas.

9. ¿Qué se entiende por productos primarios?

a) Los productos de producción primaria, incluidos los de la tierra, ganadería, caza y pesca.
b) Los productos de producción agrícola exclusivamente.
c) Todos los productos de elaboración básica.
d) Los productos precocinados.

10. Para garantizar la protección de los productos primarios contra focos de contaminación, ¿qué medida/s higiénica/s tendrá en cuenta la empresa alimentaria?

a) Mantendrán limpias las instalaciones, equipos, contenedores y vehículos.
b) Evitarán la contaminación por plagas u otros animales, residuos y sustancias peligrosas.

c) Vigilarán el buen estado de salud de los manipuladores, y se asegurarán de que reciben la formación necesaria sobre riesgos sanitarios.

d) Todas las respuestas son correctas.

11. ¿Qué requisitos exige el Reglamento 852/2004 del Parlamento Europeo, para los locales destinados a los productos alimenticios?

a) Habrá ventilación artificial para evitar tener que hacer control de temperatura.

b) Se evitarán las corrientes de aire desde zonas contaminadas a zonas limpias.

c) Dispondrán siempre de buena iluminación natural.

d) Todas las respuestas son correctas.

12. ¿Qué características tendrán las superficies donde se manipulen alimentos?

a) Serán de materiales porosos con fácil absorción.

b) Las superficies serán rugosas para evitar el deslizamiento de los materiales durante la manipulación.

c) Serán de materiales lisos, lavables, resistentes a la corrosión y no tóxicos.

d) No hay requisitos sobre las características de los materiales que entren en contacto con los alimentos, tan solo se deberán mantener limpios.

13. Los contenedores utilizados para transporte de productos alimenticios, ¿podrán transportar algo que no sean productos alimenticios?

a) No, nunca.

b) Sí, siempre que exista una separación efectiva de los productos para evitar contaminación.

c) Sí. No tienen por qué ser exclusivos para productos alimenticios.

d) Cada producto debe ir obligatoriamente en un contenedor, aunque podrá ser transportado en el mismo vehículo.

14. El Reglamento 852/2004 establece las disposiciones aplicables a los productos alimenticios. Indique cuál de las siguientes es falsa:

a) Las materias primas e ingredientes se almacenarán en condiciones adecuadas, que permitan evitar su deterioro y protegerlos de la contaminación.

b) Las materias primas o productos no deberán conservarse a temperaturas que puedan dar lugar a riesgos para la salud.

c) Cuando un operador de empresa alimentaria prevea razonablemente que una materia prima pueda estar contaminada, la someterá a cocción prolongada para eliminar los microorganismos.

d) La descongelación se hará de modo que se reduzca al mínimo el riesgo de multiplicación de microorganismos patógenos o la formación de toxinas.

15. ¿Qué objetivos tiene la formación de los manipuladores de alimentos?

a) Actualizar los cambios normativos y tecnológicos.
b) Mejorar los hábitos de los manipuladores y promover las prácticas correctas.
c) Responder a las exigencias de la normativa vigente.
d) Todas las respuestas son correctas.

16. Según el Reglamento (CE) 852/2004 del Parlamento Europeo y del Consejo, de 29 de abril, los operadores de empresa alimentaria deberán garantizar:

a) La supervisión, instrucción y formación de los manipuladores de alimentos en cuestiones de higiene alimentaria.
b) La vigencia de la normativa en materia de higiene alimentaria.
c) La formación de los inspectores de la autoridad competente en materia de higiene alimentaria.
d) Todas las respuestas son falsas.

17. ¿Qué obligación tiene la empresa alimentaria con la autoridad competente?

a) Deberá cooperar y notificar todos los establecimientos que estén bajo su control con el fin de proceder a su registro.
b) Enviará informe diario pormenorizado sobre la actividad de la empresa.
c) Registrará la contabilidad mensual.
d) La normativa vigente no establece obligaciones con la autoridad competente.

18. ¿Qué finalidad tiene el Catálogo Nacional de Cualificaciones Profesionales?

a) Establecer la norma que regula cada una de las profesiones.
b) Definir los contenidos de las diferentes titulaciones universitarias.
c) Ordena las cualificaciones profesionales susceptibles de reconocimiento y acreditación, identificadas en el sistema productivo en función de las competencias apropiadas para el ejercicio profesional.
d) Dividir las profesiones en grupos familiares y módulos en función de los niveles salariales.

19. ¿Cómo se acredita la realización de actividades formativas?

a) Mediante la concesión de un boletín informativo.
b) A través de la expedición de certificado individual.
c) Realizando exámenes periódicos que demuestren que se mantienen actualizados los conocimientos adquiridos.
d) La formación continuada no se acredita.

20. ¿Pará qué se realizan los exámenes médicos?

a) Para determinar el estado de salud de un individuo.
b) Para prevenir la transmisión de enfermedades.
c) Para identificar individuos enfermos, pero no portadores sanos.
d) Ninguna respuesta es correcta.

En MADTEST tienes **más preguntas de este tema**, y todos tus avances quedan registrados y se reflejan en el ranking.

¡Supera tus límites con MADTEST!

Solución al test n.º 4

1. a) Lavado de manos con agua caliente y jabón.

2. c) Informará con la finalidad de que se valore la necesidad de someterse a examen médico, y, en caso necesario, su exclusión temporal de la manipulación de productos alimenticios.

3. a) La propia empresa o una entidad autorizada por la autoridad sanitaria competente.

4. a) Las empresas del sector alimentario.

5. b) Manipuladores de alimentos.

6. d) Ninguna de las opciones anteriores es correcta.

7. d) El conjunto de medidas necesarias para asegurar la salubridad, inocuidad y buen estado de los productos destinados a la alimentación, en todas las etapas de su preparación.

8. d) En todas las etapas.

9. a) Los productos de producción primaria, incluidos los de la tierra, ganadería, caza y pesca.

10. d) Todas las respuestas son correctas.

11. b) Se evitarán las corrientes de aire desde zonas contaminadas a zonas limpias.

12. c) Serán de materiales lisos, lavables, resistentes a la corrosión y no tóxicos.

13. b) Si, siempre que exista una separación efectiva de los productos para evitar contaminación.

14. c) Cuando un operador de empresa alimentaria prevea razonablemente que una materia prima pueda estar contaminada, la someterá a cocción prolongada para eliminar los microorganismos.

15. d) Todas las respuestas son correctas.

16. a) La supervisión, instrucción y formación de los manipuladores de alimentos en cuestiones de higiene alimentaria.

17. a) Deberá cooperar y notificar todos los establecimientos que estén bajo su control con el fin de proceder a su registro.

18. c) Ordena las cualificaciones profesionales susceptibles de reconocimiento y acreditación, identificadas en el sistema productivo en función de las competencias apropiadas para el ejercicio profesional.

19. b) A través de la expedición de certificado individual.

20. a) Para determinar el estado de salud de un individuo.

TEST N.º 5

**Control de materias primas y productos preparados.
El almacenamiento: almacenamiento de productos perecederos
y no perecederos. Almacenamiento de productos congelados.
Prácticas correctas de higiene**

1. ¿Qué es el aprovisionamiento de mercancía?

a) Abastecimiento de lo necesario.
b) Acumulación de existencias.
c) Provisión de materiales sin criterio de necesidad.
d) Previsión de necesidades.

2. ¿Cómo se denominan los materiales de consumo habitual, sujetos a todas las operaciones de gestión de almacén?

a) Inventariables.
b) No inventariables.
c) Almacenables.
d) No almacenables.

3. ¿Cuáles son los materiales inventariables?

a) Fungibles.
b) No fungibles.
c) Los que se agotan o consumen con el uso.
d) No almacenables.

4. ¿Dentro de qué grupo de suministros entran los víveres?

a) Fungibles.
b) No inventariables.
c) Inventariables.
d) Son válidas las respuestas a) y b).

5. ¿En qué consiste la gestión de aprovisionamiento?

a) En abastecer al centro de los productos o materiales necesarios para su actividad normal, y realizar las acciones adecuadas para que no falten, ni se acumulen en exceso.

b) En abastecer al centro de los productos o materiales necesarios para su actividad normal, acumulando en almacén para que no falten.

c) En realizar la compra de los que se van a necesitar diariamente.

d) Es el control económico del gasto en cocina.

6. ¿Cuáles son las fases de la gestión de aprovisionamiento, por orden de realización?

a) Planificación de necesidades, almacenamiento, control de inventario y compra.

b) Planificación de necesidades, control de inventario, compra y almacenamiento.

c) Planificación de necesidades, compra, almacenamiento y control de inventarios.

d) Control de inventario, compra, almacenamiento y planificación de necesidades.

7. ¿Cuál de estos factores influye en la previsión de necesidades?

a) Sistema de producción utilizado en cocina.

b) *Stock* en almacén.

c) Duración de los productos.

d) Todas las respuestas son ciertas.

8. ¿Cómo se establece la frecuencia de compra?

a) Por revisión continua.

b) Por revisión periódica.

c) Por revisión perfecta.

d) Por cualquiera de los sistemas anteriores.

9. Cuando los pedidos se hacen con una periodicidad que varía en función del ritmo de consumo de cada artículo, ¿qué sistema se está utilizando?

a) Sistema de revisión continua.

b) Sistema de revisión periódica.

c) Sistema de revisión perfecto.

d) Sistema de periodicidad continua.

10. ¿Cuál de estas cualidades no se comprobará al recepcionar alimentos?

a) Los embalajes.

b) Los envases y las etiquetas.

c) El sabor de los alimentos recibidos.

d) La calidad de la materia prima.

11. ¿Qué comprobación se hará respecto a los envases?

a) Que estén intactos.
b) Que no presenten deterioros.
c) Que no estén alterados.
d) Todas las respuestas son correctas.

12. ¿Qué condiciones de transporte tendrá la carne fresca servida en canales?

a) Vehículos cerrados e impermeabilizados.
b) Productos en contacto con suelo y paredes del vehículo.
c) Envasadas.
d) Todas las respuestas son correctas.

13. ¿Qué utilidad tiene el albarán?

a) Comprobante de la mercancía entregada para el comprador.
b) Justificante de entrega para el vendedor.
c) Justificante de pago.
d) Son correctas las respuestas a) y b).

14. ¿En qué consiste el registro documental de mercancías?

a) Archivar copia de documentos.
b) Asignación de un lugar para el almacenamiento de los productos.
c) Introducir los datos informáticos para su tratamiento.
d) Son correctas las respuestas a) y c).

15. ¿Qué es el pedido?

a) El listado de materias primas y productos solicitados.
b) La solicitud a cocina de los menús necesarios.
c) Un documento emitido por el proveedor.
d) Ninguna respuesta es correcta.

16. Si se piden 10 kg de azúcar, ¿de qué unidad se trata?

a) Unidad de almacenaje.
b) Unidad de entrega.
c) Unidad de compra.
d) Todas las respuestas son correctas.

17. Si se pide un saco de patatas, ¿de qué unidad se trata?

a) Unidad de almacenaje.
b) Unidad de entrega.

c) Unidad de compra.
d) Todas las respuestas son correctas.

18. Si se pide un palé de mercancía, ¿de qué unidad se trata?

a) De unidad de almacenaje.
b) De unidad de entrega.
c) De unidad de compra.
d) Todas las respuestas son correctas.

19. ¿En qué consiste el pedido programado?

a) El pedido se realiza en cualquier momento.
b) Se establece una periodicidad en la realización de pedidos.
c) Los pedidos se realizan cuando se llega al *stock* de seguridad.
d) Los pedidos se realizan cuando la mercancía falta.

20. ¿Qué condiciones de almacenamiento cumplirán las pilas o lotes de productos?

a) Se colocarán separados del techo.
b) Se colocarán juntos unos con otros.
c) Se colocarán pegados a las paredes laterales.
d) Todas las respuestas son correctas.

En MADTEST tienes **más preguntas de este tema**, y todos tus avances quedan registrados y se reflejan en el ranking.

¡Supera tus límites con MADTEST!

Solución al test n.º 5

1. a) Abastecimiento de lo necesario.

2. c) Almacenables.

3. b) No fungibles.

4. d) Son válidas las respuestas a) y b).

5. a) En abastecer al centro de los productos o materiales necesarios para su actividad normal, y realizar las acciones adecuadas para que no falten, ni se acumulen en exceso.

6. c) Planificación de necesidades, compra, almacenamiento y control de inventarios.

7. d) Todas las respuestas son ciertas.

8. d) Por cualquiera de los sistemas anteriores.

9. c) Sistema de revisión perfecto.

10. c) El sabor de los alimentos recibidos.

11. d) Todas las respuestas son correctas.

12. a) Vehículos cerrados e impermeabilizados.

13. d) Son correctas las respuestas a) y b).

14. d) Son correctas las respuestas a) y c).

15. a) El listado de materias primas y productos solicitados.

16. c) Unidad de compra.

17. b) Unidad de entrega.

18. a) Unidad de almacenaje.

19. b) Se establece una periodicidad en la realización de pedidos.

20. a) Se colocarán separados del techo.

TEST N.º 6

El acondicionamiento de las materias primas: carnes, pescados, hortalizas, frutas. Limpieza, cortes y preelaboración. La descongelación. Actividades de limpio y sucio. Términos básicos de cocina. Prácticas correctas de higiene

1. ¿Cómo se define la ración neta?

a) La ración neta se entiende limpia de grasas, huesos, espinas, etc., que se sitúa entre ciento cincuenta y ciento ochenta gramos por persona, salvo algún tipo de corte especial o pieza de ración.

b) La ración neta se entiende limpia de grasa, huesos y espinas. Se sitúa en todo caso entre 250 y 500 gramos.

c) No se puede definir la ración neta porque depende del tipo de producto.

d) La ración neta se define como la pieza de tamaño pequeño que no supere los 250 gramos.

2. ¿Cómo se denomina el fraccionado de los trozos o filetes de carne en porciones de tamaño reducido, mediante máquina o instrumentos cortantes adecuados?

a) Troceado.
b) Fileteado.
c) Picado.
d) Oreo.

3. Si al pelar una hortaliza se ennegrece, ¿qué debemos hacer?

a) Meterla en agua con unas gotas de limón.
b) Restregarla con sal.
c) Limpiarla con unas gotas de lejía.
d) Envolverla en papel de aluminio durante 10 minutos.

4. Es aconsejable lavar las hortalizas que se consumen crudas:

a) Con agua salada.
b) Con agua y unas gotas de lejía.

c) Solamente con agua.

d) Con agua a la que se le añaden unas gotas de limón.

5. En la preparación básica de:

a) Los tomates, se deberá quitar la piel en todos los casos.

b) Las alcachofas, una vez eliminadas las hojas exteriores, se meterán en agua con lejía para evitar su ennegrecimiento.

c) La remolacha roja, se lavará primero sin cortar las ramas o tallos con los que vienen.

d) Las acelgas, solo se utilizarán las hojas, desprendiéndoles los tallos, por no tener ningún valor nutritivo.

6. En cuanto a la judía verde:

a) Solo se aprovecha la vaina.

b) Se limpiará eliminando los filamentos que unen ambas caras de la vaina.

c) La corola leñosa que le sirve para sujetarse a la mata puede usarse como condimento.

d) Una vez pelada se limpiará con agua y abundante sal.

7. Los ajos:

a) Son usados para la elaboración de encurtidos, con sales y aceites.

b) Son bulbos, semillas que crecen sobre tierra, necesitando gran cantidad de agua para su crecimiento.

c) A los dientes se les deberá quitar siempre la película que los protege pues esta es muy dañina.

d) Todas son incorrectas.

8. ¿A qué es debido el ennegrecimiento que presentan algunas hortalizas cuando se les quita la piel protectora?

a) Al alto contenido en agua.

b) A los productos fertilizantes con los que son tratados.

c) A las bacterias y enzimas.

d) A la oxidación.

9. ¿Cuál de los siguientes sistemas es correcto para el pelado de verduras?

a) Con cuchillo o con máquina peladora.

b) Por escaldado.

c) Por asado.

d) Todas las respuestas son correctas.

10. ¿Qué son alcauciles?

a) Judías.

b) Alcachofas.

c) Guisantes.
d) Habas.

11. ¿Cómo es el corte brunoise?

a) Dados pequeños.
b) Láminas.
c) Tiras finas.
d) A gajos.

12. En la preparación de aves, ¿a qué llamamos "albardado"?

a) A la eliminación de las plumas.
b) A sujetar las carnes crudas de ave para mejorar su estética ante el comensal.
c) A envolver el ave en tiras de tocino, para evitar que se reseque al cocinarlo.
d) A eliminar patas, cabeza y cuello.

13. ¿Cómo es el corte de la patata paja?

a) Dados pequeños.
b) Muy fina, se corta con mandolina.
c) Muy gruesa, se corta con cuchillo.
d) Rodajas onduladas.

14. ¿Cuántas raciones aproximadas salen de 1 kg de salmón?

a) 2 raciones.
b) 3 raciones.
c) 4 raciones.
d) 5 raciones.

15. De un asado de carne con hueso, ¿qué peso constituye una ración?

a) 1 kg.
b) ½ kg.
c) ¼ kg.
d) 1/10 kg.

16. ¿Qué es falso sobre el trabajo en el área de pastelería?

a) Como el principal ingrediente que se usa es la harina, se debe usar con cuidado para no expandirla por el área.
b) Cuando se hacen helados de diferentes sabores, enjuagar con agua caliente lo que se está usando, para no mezclar los sabores.
c) Debe tener unos fregadores con agua fría y caliente para lavado de utensilios y materias primas.
d) Los utensilios a usar deben estar ordenados y protegidos.

17. ¿Qué partes no comestibles suelen retirarse de la carne?

a) Vasos sanguíneos.
b) Exceso de grasa.
c) Nervios y tendones.
d) Todas las respuestas son correctas.

18. ¿En qué parte de la vaca está el morrillo?

a) En la parte inferior de la pierna.
b) Entre el pecho y el cuello.
c) En la parte exterior de la paletilla.
d) Entre el lomo y el pescuezo.

19. ¿Cómo se cortan las patas de las aves?

a) A golpe de cuchillo.
b) Retorciendo manualmente.
c) Cortando alrededor de la rótula para luego tronchar.
d) Chamuscando.

20. ¿Qué corte del pescado lleva espina?

a) Lomo.
b) Medallón.
c) Suprema.
d) Ninguna respuesta es correcta.

En MADTEST tienes **más preguntas de este tema**, y todos tus avances quedan registrados y se reflejan en el ranking.

¡Supera tus límites con MADTEST!

Solución al test n.º 6

1. a) La ración neta se entiende limpia de grasas, huesos, espinas, etc., que se sitúa entre ciento cincuenta y ciento ochenta gramos por persona, salvo algún tipo de corte especial o pieza de ración.

2. c) Picado.

3. a) Meterla en agua con unas gotas de limón.

4. b) Con agua y unas gotas de lejía.

5. c) La remolacha roja, se lavará primero sin cortar las ramas o tallos con los que vienen.

6. b) Se limpiará eliminando los filamentos que unen ambas caras de la vaina.

7. a) Son usados para la elaboración de encurtidos, con sales y aceites.

8. d) A la oxidación.

9. d) Todas las respuestas son correctas.

10. b) Alcachofas.

11. a) Dados pequeños.

12. c) Envolver el ave en tiras de tocino, para evitar que se reseque al cocinarlo.

13. b) Muy fina, se corta con mandolina.

14. d) 5.

15. c) ¼ kg.

16. c) Debe tener unos fregadores con agua fría y caliente para lavado de utensilios y materias primas.

17. d) Todas las respuestas son correctas.

18. b) Entre el pecho y el cuello.

19. c) Cortando alrededor de la rótula para luego tronchar.

20. d) Ninguna respuesta es correcta.

TEST N.º 7

El emplatado: tipos, dotación para su realización. Normas higiénicas. La distribución de las comidas en planta: sistemas empleados. La recogida de bandejas

1. ¿Dónde se montan las bandejas para su servicio?

a) En la zona de preparación.
b) En la zona de recepción.
c) En la cinta de emplatado.
d) En la mesa caliente.

2. ¿Qué característica tiene la cinta de emplatado?

a) Es móvil y de velocidad fija o regulable.
b) Tiene entre 10 y 15 metros de ancho.
c) Sirve para la distribución de las bandejas una vez montadas.
d) Las respuestas a) y c) son correctas.

3. Indica la característica correcta de las bandejas isotérmicas:

a) No lleva tapa.
b) Ayuda a calentar el alimento.
c) Mantienen la temperatura de los alimentos.
d) Todas las respuestas son correctas.

4. El traslado del carro con los restos de comida forma parte de las operaciones:

a) Del circuito sucio.
b) Del circuito limpio.
c) De desinfección.
d) De higienización.

5. ¿En qué consiste el desbarase o desbarasado de bandejas?

a) En la retirada de todos los elementos utilizados y la eliminación de los restos de comida.
b) En la desinfección de estas.
c) En la colocación adecuada de la comida y elementos utilizados.
d) Es el proceso mediante el cual se limpian y pulen las bandejas para su reciclaje.

6. ¿Qué tipo de residuos es la sobra de comida de la cocina de un hospital?

a) Son residuos sanitarios
b) Son residuos orgánicos.
c) Son residuos tóxicos.
d) Son residuos peligrosos.

7. ¿Dónde se almacenan las bandejas una vez que se han desbarasado y lavado?

a) Se almacenarán el almacén de materiales.
b) Se almacenarán en la zona de sucio hasta su uso.
c) Se almacenarán en la zona de limpio hasta el siguiente uso.
d) Se almacenarán en el almacén de no perecederos.

8. ¿Es necesario el uso de guantes para hacer el desbarasado de bandejas?

a) Siempre.
b) Ocasionalmente.
c) Nunca.
d) Solo cuando hayan estado en contacto con una fuente infecciosa.

9. ¿Cuál de las siguientes es una ventaja del emplatado centralizado?

a) Ofrece más garantías de higiene, por una menor manipulación de los alimentos.
b) Es rápido, gracias al uso de la cinta de emplatado.
c) Facilita la implantación de sistemas de control de calidad.
d) Todas son correctas.

10. ¿Para que utilizan los carros de regeneración?

a) Son carros utilizados para el sistema de cadena caliente.
b) Son carros utilizados para el sistema de cadena fría.
c) Son carros que solo sirven para transportar las bandejas.
d) Todas son falsas.

11. ¿Para qué sirven los aros de montaje en la cocina?

a) Tienen la función de dar formar a los alimentos que se introduzcan en su interior.
b) Su función es la de delimitar los alimentos seleccionados en un área del plato.
c) Proporcionan una forma geométrica a la de los alimentos.
d) Todas son correctas.

12. Las bandejas recipientes antes de ser utilizadas pasarán por una fase de calentamiento a vapor que supera:

a) Los 40 ºC.
b) Los 50 ºC.
c) Los 120 ºC.
d) Los 200 ºC.

13. Una de las siguientes opciones con respecto al emplatado es falsa, señálala:

a) La fase de emplatado consiste en la distribución de los alimentos en raciones individuales para su consumo.
b) Se deben extremar en este proceso las medidas higiénicas.
c) Debe ser un proceso lento y medido para evitar que los alimentos se caigan.
d) La integración del emplatado con las nuevas tecnologías se hace mediante la instalación de cintas de emplatado.

14. Es un inconveniente del emplatado tradicional:

a) Requiere de un equipamiento adecuado y muy específico.
b) Requieren sistemas de tecnología avanzada y técnicos especialistas.
c) Si es necesario recalentar, los alimentos pueden resecarse y sufrir alteraciones en sus cualidades organolépticas.
d) Necesita más personal para realizar el emplatado.

15. ¿En qué consiste el emplatado?

a) En el reparto de los menús entre los pacientes.
b) En el traslado de los peroles con comida hasta las plantas para su servicio.
c) Es el cálculo de las cantidades de comida que hay que elaborar diariamente.
d) Es la distribución de los alimentos en raciones individuales para su consumo.

16. ¿Cómo se mantienen los alimentos calientes hasta su emplatado?

a) En la cinta de emplatado.
b) En baño maría.
c) Con calientaplatos.
d) En carros de regeneración.

17. ¿Qué tipo de bandeja se utiliza para mantener calientes los menús y presentarlos al paciente?

a) Bandeja abierta.
b) Bandeja isotérmica.
c) Bandeja homogénea.
d) Ninguna respuesta es correcta.

18. ¿Qué características tiene la bandeja isotérmica?

a) Compartimentada.
b) Tapada.
c) Individual.
d) Todas las respuestas son ciertas.

19. ¿Qué sistema se utiliza para emplatar en la cocina centralizada?

a) Mesas calientes.
b) Marmitas basculantes.
c) Cinta de emplatado.
d) Ninguna respuesta es correcta.

20. ¿Dónde se coloca el carro para la distribución de las bandejas?

a) Al final de la cinta de emplatado.
b) Al inicio de la cinta de emplatado.
c) A ambos lados de la cinta de emplatado.
d) No es necesario tener el carro cerca durante el proceso.

En MADTEST tienes **más preguntas de este tema**, y todos tus avances quedan registrados y se reflejan en el ranking.

¡Supera tus límites con MADTEST!

Solución al test n.º 7

1. c) En la cinta de emplatado.

2. a) Es móvil y de velocidad fija o regulable.

3. c) Mantienen la temperatura de los alimentos.

4. a) Del circuito sucio.

5. a) En la retirada de todos los elementos utilizados y la eliminación de los restos de comida.

6. b) Son residuos orgánicos.

7. c) Se almacenarán en la zona de limpio hasta el siguiente uso.

8. a) Siempre.

9. d) Todas son correctas.

10. b) Son carros utilizados para el sistema de cadena fría.

11. d) Todas son correctas.

12. c) Los 120 ºC.

13. c) Debe ser un proceso lento y medido para evitar que los alimentos se caigan.

14. c) Si es necesario recalentar, los alimentos pueden resecarse y sufrir alteraciones en sus cualidades organolépticas.

15. d) Es la distribución de los alimentos en raciones individuales para su consumo.

16. b) En baño maría.

17. b) Bandeja isotérmica.

18. d) Todas las respuestas son ciertas.

19. c) Cinta de emplatado.

20. a) Al final de la cinta de emplatado.

TEST N.º 8

La limpieza y desinfección: bandejas, cubiertos y vajilla, superficies de cocina, maquinaria y ajuar de cocina. Productos de limpieza y maquinarias utilizados. Prácticas correctas de higiene

1. ¿Con qué letra se denominan las indicaciones de peligro de las etiquetas de los productos?

a) P.
b) R.
c) H.
d) S.

2. ¿Cómo se denomina el documento elaborado por el fabricante de una sustancia o mezcla química en la que se ofrece abundante información sobre sus riesgos?

a) Ficha de datos de seguridad.
b) Etiqueta.
c) envase.
d) Prospecto.

3. ¿Qué datos contendrá la FDS sobre la manipulación y almacenamiento del producto?

a) Precauciones para una manipulación segura.
b) Condiciones de almacenamiento seguro, incluidas posibles incompatibilidades.
c) Usos específicos finales.
d) Todas las respuestas son correctas.

4. ¿Qué tipo de peligro tienen las sustancias comburentes?

a) Físicos.
b) Químicos.
c) Para la salud.
d) Para el medio ambiente.

5. Cuando una sustancia o mezcla inducen cáncer o aumentan su incidencia, ¿cómo se denomina?

a) Mutagénica.
b) Carcinogénica.
c) Pirogénica.
d) Tóxica.

6. Si en la etiqueta de un producto aparece el siguiente símbolo significa qué es:

a) Peligroso para el medio ambiente.
b) Nocivo.
c) Biodegradable.
d) Tóxico.

7. Los pictogramas de peligro son composiciones gráficas que contienen:

a) Un símbolo rojo sobre un fondo negro, con un marco naranja lo suficientemente ancho para ser claramente visible.
b) Un símbolo blanco sobre un fondo negro, con un marco rojo lo suficientemente ancho para ser claramente visible.
c) Un símbolo rojo sobre un fondo blanco, con un marco naranja lo suficientemente ancho para ser claramente visible.
d) Un símbolo negro sobre un fondo blanco, con un marco rojo lo suficientemente ancho para ser claramente visible.

8. Las indicaciones de peligro, llamadas H, se agrupan en:

a) Peligros para la salud humana.
b) Peligros físicos.
c) Peligros para el medio ambiente.
d) Todas las respuestas son correctas.

9. El documento que elabora el fabricante de una sustancia o mezcla química para informar de sus riesgos se llama:

a) Libro Técnico de Riesgos.
b) Ficha de Datos de Seguridad.
c) Libro de Instrucciones.
d) Nota Técnica de Prevención.

10. Los envases en que se presentan para la venta los productos de limpieza han de cumplir ciertos requisitos. ¿Cuál de los siguientes es falso?

a) Los materiales que constituyen los envases y sus cierres han de ser fácilmente solubles en el contenido para no entrar en reacción con él.
b) Los envases y sus cierres estará diseñados y fabricados de manera que sean estancos, fuertes y sólidos.

c) Los envases de los productos con un sistema de cierre reutilizable dispondrán de un cierre de características y diseños tales que una vez abiertos puedan ser nuevamente cerrados sin perder su carácter estanco.

d) La válvula de los productos envasados en aerosoles deberá permitir el cierre prácticamente hermético del generador de aerosol y estar protegida contra toda abertura involuntaria.

11. El Reglamento CLP establece tres tipos de peligros que pueden representar las sustancias o sus mezclas; señala la incorrecta:

a) Peligros para el medio ambiente.
b) Peligros físicos.
c) Peligros para la salud.
d) Peligros contagiables.

12. Según el Reglamento CLP, ¿en cuántas clases se agrupan los peligros relacionados con las propiedades fisicoquímicas de los productos?

a) En 2 clases.
b) En 6 clases.
c) En 10 clases.
d) En 16 clases.

13. Los líquidos inflamables son aquellos cuyo punto de inflamación no supera:

a) 60 ºC.
b) 80 ºC.
c) 93 ºC.
d) 110 ºC.

14. ¿Cómo se llaman las sustancias que en contacto con otras producen una reacción exotérmica?

a) Pirofóricas.
b) Explosivas.
c) Comburentes.
d) Corrosivas.

15. Las sustancias o mezclas líquidas o sólidas que, aún en pequeñas cantidades, pueden inflamarse al cabo de 5 minutos de entrar en contacto con el aire, se llaman:

a) Sustancias pirofóricas.
b) Sustancias comburentes.
c) Sustancias autorreactivas.
d) Sustancias explosivas.

16. Los peligros para la salud se hallan divididos, según el Reglamento CLP, en:

a) 20 clases y 35 categorías.
b) 2 clases y 5 categorías.
c) 10 clases y 25 categorías.
d) 16 clases y 45 categorías.

17. No se considera toxicidad aguda cuando los efectos adversos se manifiestan:

a) Tras la administración por vía oral de una sola dosis de una sustancia o mezcla.
b) Tras dosis múltiples administradas a lo largo de 24 horas.
c) Como consecuencia de una exposición por inhalación durante 4 horas.
d) Tras la administración por vía cutánea de entre 10 a 20 dosis de una sustancia o mezcla.

18. Se clasifican como irritantes oculares las sustancias que, como consecuencia de su aplicación en la superficie anterior del ojo, producen alteraciones oculares totalmente reversibles en:

a) Las 4 horas siguientes a la aplicación.
b) Las 24 horas siguientes a la aplicación.
c) Los 10 días siguientes a la aplicación.
d) Los 21 días siguientes a la aplicación.

19. En el etiquetado de un producto de limpieza, las palabras que indican el nivel relativo de gravedad de los peligros para alertar al consumidor de la existencia de un peligro potencial, se denominan:

a) Palabras de advertencia.
b) Consejos de prudencia.
c) Pictogramas.
d) Frases R.

20. ¿Cuál de las siguientes es una palabra de advertencia asociada a las categorías menos graves, según el Reglamento CLP?

a) Cuidado.
b) Ojo.
c) Atención.
d) Prudencia.

En MADTEST tienes **más preguntas de este tema**, y todos tus avances quedan registrados y se reflejan en el ranking.

¡Supera tus límites con MADTEST!

Solución al test n.º 8

1. c) H.

2. a) Ficha de datos de seguridad.

3. d) Todas las respuestas son correctas.

4. a) Físicos.

5. b) Carcinogénica.

6. a) Peligroso para el medio ambiente.

7. d) Un símbolo negro sobre un fondo blanco, con un marco rojo lo suficientemente ancho para ser claramente visible.

8. d) Todas las respuestas son correctas.

9. b) Ficha de Datos de Seguridad.

10. a) Los materiales que constituyen los envases y sus cierres han de ser fácilmente solubles en el contenido para no entrar en reacción con él.

11. d) Peligros contagiables.

12. d) En 16 clases.

13. a) 60 ºC.

14. c) Comburentes.

15. a) Sustancias pirofóricas.

16. c) 10 clases y 25 categorías.

17. d) Tras la administración por vía cutánea de entre 10 a 20 dosis de una sustancia o mezcla.

18. d) Los 21 días siguientes a la aplicación.

19. a) Palabras de advertencia.

20. c) Atención.

TEST N.º 9

Los alimentos: carnes, aves, pescados, productos lácteos, hortalizas, huevos, legumbres secas, frutas, cereales, grasas, postres de cocina. Características más importantes. Conceptos básicos de nutrición; dietas terapéuticas más utilizadas en un centro hospitalario

1. De los siguientes productos, ¿cuáles no son derivados de la leche?

a) Nata y mantequilla.
b) Queso y requesón.
c) Sueros lácteos.
d) Cafeína.

2. Señala cuál de las siguientes afirmaciones es correcta:

a) La canal incluye la carne y todas las vísceras del animal.
b) Los derivados cárnicos son productos alimenticios preparados total o parcialmente con carnes o despojos sometidos a operaciones específicas.
c) Los productos tales como solomillo, entrecot, bistec, chuletas, etc., se consideran derivados cárnicos.
d) Todas las respuestas anteriores son correctas.

3. El Código Alimentario Español, dentro del grupo de "pescados", incluye los siguientes:

a) Aquellos animales que viven en el agua y son comestibles.
b) Exclusivamente a los vertebrados marinos.
c) Exclusivamente a los vertebrados de agua dulce.
d) Todos excepto las ballenas, por ser mamíferos.

4. ¿Cuál de las siguientes afirmaciones es falsa?

a) El pescado tiene menos grasas saturadas y menos colesterol que algunas carnes.
b) El pescado azul tiene mayor valor calórico que el blanco.

c) El pescado fresco tiene mayor valor nutritivo que el congelado.
d) Todas son falsas.

5. ¿Cuándo se considera que un huevo es fresco?

a) Cuando se mantiene en cámaras a temperatura no superior a 4 ºC durante un tiempo inferior a 30 días.
b) Cuando está conservado por encima de 0 ºC durante una semana como máximo.
c) Sólo se considera fresco el huevo recién puesto.
d) Cuando no ha sido refrigerado ni conservado por ningún método.

6. Un huevo que ha sido incubado se dice que es un huevo:

a) Fresco.
b) Defectuoso.
c) Averiado.
d) Podrido.

7. ¿Qué tipo de alimento son las habas?

a) Frutos.
b) Legumbres.
c) Bulbos.
d) Frutas.

8. ¿Cómo se denomina el tocino entreverado que ha sido sometido a operaciones de ahumado, salazón o adobo?

a) Panceta.
b) Bacón.
c) Papada.
d) Lomo.

9. ¿Qué tipo de aditivo es el E-122 carmoisina?

a) Potenciador del sabor.
b) Conservante.
c) Colorante.
d) Espesante.

10. ¿Qué tratamiento recibirá la leche destinada para el consumo de colectividades?

a) Ninguno, porque la leche cruda es muy nutritiva.
b) Debe recibir algún tratamiento térmico.
c) Será siempre leche especial sin tratar.
d) Todas las respuestas son correctas.

11. ¿Cómo se denomina la leche modificada por acción microbiana?

a) Leche enriquecida.
b) Leche desnatada.
c) Leche fermentada.
d) Leche adicionada de aromas.

12. Señala cuál de las siguientes afirmaciones es correcta:

a) La leche esterilizada es leche natural, sometida a un proceso tecnológico tal, que asegure la destrucción de los microorganismos y la inactividad de sus formas de resistencia.
b) La leche evaporada es leche esterilizada a la que se le añade agua.
c) Leche condensada es la leche higienizada y concentrada por eliminación de agua, sin añadirle azúcares.
d) Leche en polvo es aquella que se congela y posteriormente se tritura.

13. Según su composición podemos decir que hay natas de los siguientes tipos:

a) Batidas o montadas.
b) De vaca, oveja o cabra.
c) Doble nata, delgada o ligera.
d) Todas son correctas.

14. ¿Qué es la caseína?

a) Líquido formado por parte de los componentes de la leche.
b) Es el principal componente proteico de la leche.
c) Producto obtenido precipitando las proteínas en medio ácido, por el calor.
d) Ninguna es correcta.

15. ¿Cómo se denomina al pollo castrado y bien cebado?

a) Gallina.
b) Pichón.
c) Capón.
d) Lechón.

16. Si un huevo tiene la clara de color verdoso, ¿qué le ocurre?

a) Se desechará.
b) Está defectuoso.
c) Es un huevo de oca.
d) Está en perfectas condiciones.

17. ¿Cuáles de las siguientes hortalizas son bulbos?

a) Berenjena, guindilla, pimiento.
b) Ajo, cebolla y puerro.
c) Ajo, guisante y lombarda.
d) Berenjena, cebolleta y berro.

18. ¿Qué tipo de alimento es la patata?

a) Un bulbo.
b) Una legumbre.
c) Un fruto.
d) Un tubérculo.

19. ¿Qué grupo de alimentos es el más rico en lípidos?

a) Aceites y grasas.
b) Verduras y hortalizas.
c) Carnes.
d) Pescados.

20. Según el Código Alimentario Español, ¿en qué grupo de alimentos se incluye al tomate?

a) Verduras.
b) Hortalizas.
c) Frutas carnosas.
d) Frutos oleaginosos.

En MADTEST tienes **más preguntas de este tema**, y todos tus avances quedan registrados y se reflejan en el ranking.

¡Supera tus límites con MADTEST!

Solución al test n.º 9

1. d) Cafeína.

2. b) Los derivados cárnicos son productos alimenticios preparados total o parcialmente con carnes o despojos sometidos a operaciones específicas.

3. a) Aquellos animales que viven en el agua y son comestibles.

4. c) El pescado fresco tiene mayor valor nutritivo que el congelado.

5. d) Cuando no ha sido refrigerado ni conservado por ningún método.

6. c) Averiado.

7. b) Legumbres.

8. b) Bacón.

9. c) Colorante.

10. b) Debe recibir algún tratamiento térmico.

11. c) Leche fermentada.

12. a) La leche esterilizada es leche natural, sometida a un proceso tecnológico tal, que asegure la destrucción de los microorganismos y la inactividad de sus formas de resistencia.

13. c) Doble nata, delgada o ligera.

14. b) Es el principal componente proteico de la leche.

15. c) Capón.

16. a) Se desechará.

17. b) Ajo, cebolla y puerro.

18. d) Un tubérculo.

19. a) Aceites y grasas.

20. c) Frutas carnosas.

Prevención de riesgos laborales específicos de la categoría. Riesgo de incendio: conceptos básicos, medidas preventivas y actuaciones a realizar

1. Según el RD 487/1997, ¿qué se entiende por manipulación manual de cargas (MMC)?

a) Solo levantar objetos de más de 25 kg.
b) Cualquier operación de transporte o sujeción de una carga, como levantamiento, colocación, empuje, tracción o desplazamiento, que entrañe riesgos dorsolumbares.
c) La utilización de carretillas mecánicas.
d) Únicamente el traslado de personas.

2. ¿A partir de qué peso considera la Guía Técnica que debe evaluarse el riesgo de MMC?

a) 1 kg.
b) 3 kg.
c) 10 kg.
d) 25 kg.

3. Según la norma ISO 11228-1, ¿qué peso puede constituir un riesgo no tolerable en sí mismo?

a) 10 kg.
b) 15 kg.
c) 20 kg.
d) Más de 25 kg.

4. ¿Qué ocurre con la capacidad de levantamiento cuando dos personas manipulan una carga juntas?

a) Se suma totalmente la fuerza de ambas.
b) Es de dos tercios de la suma de sus capacidades individuales.

c) Se reduce a la mitad.
d) No se modifica.

5. ¿Qué particularidad tiene la manipulación de seres vivos?

a) No implica riesgos dorsolumbares.
b) Se considera menos peligrosa que la de objetos inertes.
c) Genera niveles de riesgo más difíciles de cuantificar por los movimientos bruscos e inesperados.
d) Solo se aplica en el ámbito escolar.

6. ¿Qué debe garantizar el empresario respecto a la formación de los trabajadores en MMC?

a) Únicamente formación teórica.
b) Solo en el momento de la contratación.
c) Formación teórica y práctica, suficiente y adecuada, adaptada al puesto y actualizada.
d) Formación general sin adaptación.

7. Según el RD 487/1997, ¿qué peso máximo no debe superarse en condiciones ideales para mujeres de 20 a 45 años?

a) 25 kg.
b) 22 kg.
c) 20 kg.
d) 15 kg.

8. ¿Qué fuerza máxima inicial se recomienda no superar en tareas de empuje realizadas por mujeres?

a) 240 N.
b) 360 N.
c) 150 N.
d) 250 N.

9. ¿Qué tipo de agarre se considera "bueno"?

a) Sujetar la carga flexionando la mano 90°.
b) Carga con asas adecuadas que permitan sujeción confortable y muñeca sin desviaciones.
c) Carga sin asas con bordes resbaladizos.
d) Sujetar con los dedos únicamente.

10. ¿Qué puede ocurrir si el centro de gravedad de la carga está desplazado?

a) Facilita la manipulación.
b) Reduce el esfuerzo físico.

c) Aumentan las fuerzas compresivas en músculos y articulaciones, sobre todo en la zona lumbar.

d) Permite levantar más peso.

11. ¿Qué porcentaje de lesiones sufridas por los trabajadores se debe al manejo inadecuado de cargas?

a) 10 %.

b) 15 %.

c) 20 %.

d) 30 %.

12. ¿Qué característica del medio de trabajo incrementa el riesgo en MMC?

a) Iluminación suficiente.

b) Suelo estable y nivelado.

c) Espacio libre insuficiente o suelos irregulares.

d) Temperatura confortable.

13. ¿Cuál es la distancia máxima recomendable de transporte de una carga?

a) 10 m.

b) 5 m.

c) 1 m.

d) 20 m.

14. Según la ISO 11228-1, ¿qué frecuencia de levantamiento se considera de alto riesgo si dura más de 2 horas?

a) 5 levantamientos/minuto.

b) 8 levantamientos/minuto.

c) Más de 10 levantamientos/minuto.

d) Más de 20 levantamientos/minuto.

15. ¿Qué distancia horizontal de agarre no debería superarse?

a) 50 cm.

b) 25 cm.

c) 10 cm.

d) 15 cm.

16. ¿Qué factor individual de riesgo menciona el RD 487/1997?

a) Solo la falta de equipos mecánicos.

b) Exclusivamente la edad.

c) Falta de aptitud física, vestimenta inadecuada o patología dorsolumbar previa.
d) La climatología.

17. ¿Qué método permite calcular un índice de levantamiento (IL) para estimar el esfuerzo físico?

a) Tablas de Snook y Ciriello.
b) ISO 11228-2.
c) Ecuación de NIOSH.
d) Método Dortmund.

18. ¿Qué ayuda técnica se utiliza para reducir el esfuerzo en movilización de personas?

a) Zapatos antideslizantes.
b) Cinturón de herramientas.
c) Mochila ergonómica.
d) Sábana deslizante.

19. ¿Qué medida complementaria se recomienda en la movilización manual de personas?

a) Utilizar cinturones metálicos.
b) Sujeción con cordajes.
c) Formación teórico-práctica en técnicas de movilización.
d) Uso exclusivo de carretillas.

20. ¿Qué postura debe adoptarse al levantar una carga desde el suelo?

a) Flexionar la espalda manteniendo las piernas rectas.
b) Girar el tronco para mayor comodidad.
c) Dar un tirón rápido hacia arriba.
d) Doblar las piernas manteniendo la espalda recta y el mentón metido.

En MADTEST tienes **más preguntas de este tema**, y todos tus avances quedan registrados y se reflejan en el ranking.

¡Supera tus límites con MADTEST!

Solución al test n.º 10

1. b) Cualquier operación de transporte o sujeción de una carga, como levantamiento, colocación, empuje, tracción o desplazamiento, que entrañe riesgos dorsolumbares.

2. b) 3 kg.

3. d) Más de 25 kg.

4. b) Es de dos tercios de la suma de sus capacidades individuales.

5. c) Genera niveles de riesgo más difíciles de cuantificar por los movimientos bruscos e inesperados.

6. c) Formación teórica y práctica, suficiente y adecuada, adaptada al puesto y actualizada.

7. c) 20 kg.

8. a) 240 N.

9. b) Carga con asas adecuadas que permitan sujeción confortable y muñeca sin desviaciones.

10. c) Aumentan las fuerzas compresivas en músculos y articulaciones, sobre todo en la zona lumbar.

11. c) 20 %.

12. c) Espacio libre insuficiente o suelos irregulares.

13. c) 1 m.

14. c) Más de 10 levantamientos/minuto.

15. b) 25 cm.

16. c) Falta de aptitud física, vestimenta inadecuada o patología dorsolumbar previa.

17. c) Ecuación de NIOSH.

18. d) Sábana deslizante.

19. c) Formación teórico-práctica en técnicas de movilización.

20. d) Doblar las piernas manteniendo la espalda recta y el mentón metido.

ANEXO

Perspectiva de género. Salud y género. Morbilidad diferenciada. Violencia de género: prevención, detección y actuación por parte de los/las profesionales del Servicio Gallego de Salud

1. La perspectiva de género en salud implica:

a) Reconocer únicamente diferencias biológicas entre mujeres y hombres.
b) Analizar cómo los roles y desigualdades sociales influyen en la salud.
c) Tratar de igual manera a todos los pacientes, sin diferenciar sexo ni género.
d) Centrarse en patologías propias de la mujer.

2. El enfoque androcéntrico en medicina significa:

a) Que la investigación se centra en ambos sexos por igual.
b) Que el varón adulto es tomado como modelo de referencia.
c) Que se priorizan las enfermedades crónicas de la mujer.
d) Que se excluyen los determinantes sociales de la salud.

3. La Ley Orgánica 3/2007 establece:

a) La igualdad salarial en todos los sectores.
b) La creación del protocolo sanitario contra violencia de género.
c) El derecho a la interrupción voluntaria del embarazo.
d) La transversalidad de género en las políticas públicas, incluida la sanidad.

4. Según la OMS, las desigualdades de género son:

a) Factores exclusivamente culturales.
b) Consecuencias inevitables del sexo biológico.
c) Determinantes sociales clave de la salud.
d) Variables sin impacto en políticas públicas.

5. La transversalidad de género significa:

a) Integrar la perspectiva de género en todas las políticas y programas.
b) Aplicarla solo en áreas de igualdad y violencia de género.
c) Implementar programas específicos para mujeres.
d) Coordinar sectores como justicia y empleo.

6. La intersectorialidad busca:

a) Incorporar la igualdad únicamente en el sistema sanitario.
b) Coordinar diferentes sectores para dar respuestas globales.
c) Limitar la intervención a sanidad y educación.
d) Sustituir la transversalidad de género.

7. Una consecuencia del sesgo androcéntrico es:

a) Diagnóstico temprano de enfermedades cardiovasculares en mujeres.
b) Invisibilización de patologías prevalentes en mujeres.
c) Incremento de la mortalidad masculina por causas externas.
d) Mayor prevalencia de cáncer en hombres.

8. La Ley Orgánica 1/2004 reconoce la violencia de género como:

a) Una vulneración de derechos humanos y un problema de salud pública.
b) Un problema social pero no sanitario.
c) Un fenómeno exclusivamente judicial.
d) Un delito menor en relaciones de pareja.

9. El WAST-Versión corta se aplica a:

a) Mujeres de 15 o más años en consultas sanitarias.
b) Solo a mujeres embarazadas en seguimiento prenatal.
c) Únicamente en urgencias hospitalarias.
d) Personas de ambos sexos en atención primaria.

10. Si el WAST es negativo, se recomienda:

a) Repetir cribado a los 2 años salvo nuevos indicadores.
b) Derivar a servicios sociales de inmediato.
c) Aplicar el cuestionario AAS.
d) Notificar obligatoriamente a la policía.

11. Si el WAST es positivo, la actuación siguiente es:

a) Registrar únicamente en historia clínica.
b) Aplicar el cuestionario AAS.

c) Realizar parte de lesiones automático.
d) Repetir el WAST en 6 meses.

12. El cuestionario AAS se utiliza para:

a) Confirmar sospechas de violencia de género.
b) Evaluar la satisfacción marital.
c) Medir depresión en mujeres.
d) Identificar riesgos cardiovasculares.

13. La prevención primaria en violencia de género busca:

a) Evitar nuevas agresiones en víctimas.
b) Impedir que ocurra violencia mediante educación y sensibilización.
c) Detectar precozmente casos ocultos.
d) Activar órdenes judiciales de protección.

14. La prevención secundaria se centra en:

a) Programas educativos en adolescentes.
b) Derivar a la policía en caso de sospecha.
c) Reducir secuelas de agresiones pasadas.
d) Identificar precozmente víctimas mediante cribado.

15. El objetivo de la prevención terciaria es:

a) Impedir que la violencia ocurra.
b) Evitar la recurrencia y reducir secuelas en víctimas ya afectadas.
c) Detectar signos clínicos de sospecha.
d) Promocionar la igualdad en la población general.

16. El parte de lesiones es importante porque:

a) Es opcional en la atención sanitaria.
b) Sustituye la denuncia judicial.
c) Constituye la prueba documental decisoria.
d) Solo incluye las lesiones físicas.

17. Una señal clínica que puede indicar violencia de género es:

a) Resfriados de repetición.
b) Lesiones en zonas poco visibles y explicaciones incongruentes.
c) Hipertensión en edades tempranas.
d) Aumento de colesterol.

18. El protocolo PDA del SERGAS significa:

a) Pregunta, Detecta y Analiza.
b) Prevención, Derivación y Atención.
c) Proteger, Documentar y Acompañar.
d) Promover, Difundir y Asesorar.

19. Una característica de la violencia psicológica es:

a) Golpes y empujones.
b) Humillaciones, amenazas y aislamiento.
c) Restricción económica.
d) Difusión de imágenes íntimas.

20. La violencia económica se manifiesta como:

a) Uso de armas para intimidar.
b) Amenazas verbales constantes.
c) Aislamiento social.
d) Apropiarse del salario o impedir trabajar a la víctima.

En MADTEST tienes **más preguntas de este tema**, y todos tus avances quedan registrados y se reflejan en el ranking.

¡Supera tus límites con MADTEST!

Solución al anexo

1. b) Analizar cómo los roles y desigualdades sociales influyen en la salud.

2. b) Que el varón adulto es tomado como modelo de referencia.

3. d) La transversalidad de género en las políticas públicas, incluida la sanidad.

4. c) Determinantes sociales clave de la salud.

5. a) Integrar la perspectiva de género en todas las políticas y programas.

6. b) Coordinar diferentes sectores para dar respuestas globales.

7. b) Invisibilización de patologías prevalentes en mujeres.

8. a) Una vulneración de derechos humanos y un problema de salud pública.

9. a) Mujeres de 15 o más años en consultas sanitarias.

10. a) Repetir cribado a los 2 años salvo nuevos indicadores.

11. b) Aplicar el cuestionario AAS.

12. a) Confirmar sospechas de violencia de género.

13. b) Impedir que ocurra violencia mediante educación y sensibilización.

14. d) Identificar precozmente víctimas mediante cribado.

15. b) Evitar la recurrencia y reducir secuelas en víctimas ya afectadas.

16. c) Constituye la prueba documental decisoria.

17. b) Lesiones en zonas poco visibles y explicaciones incongruentes.

18. a) Pregunta, Detecta y Analiza.

19. b) Humillaciones, amenazas y aislamiento.

20. d) Apropiarse del salario o impedir trabajar a la víctima.

Cómo acceder al Curso

Pinche
Test del temario

El uso de los códigos **es exclusivo de los compradores de los productos dc Editorial MAD**. Cada producto posee un código único y de un solo uso. Es personal e intransferible y da acceso a servicios y contenidos adicionales. Editorial MAD se reserva el derecho de hacer cuantas comprobaciones sean necesarias para identificar al legítimo poseedor del código y dejar de dar servicio a quien haga uso fraudulento del mismo, además de emprender cuantas acciones legales estime oportunas según la legislación vigente.

Deberás acceder a:

mad.es/registro-campus

Si una vez aceptadas las condiciones de uso del Campus decides hacer uso del mismo, necesitarás del siguiente código de acceso junto con los códigos del resto de títulos que se exigen (si fuera el caso):

SJV8E4IPG2